분수경제

이 도서의 국립중앙도서관 출판시도서목록(CIP)은 e-CIP홈페이지(http://www.nl.go.kr/ecip)와
국가자료공동목록시스템(http://www.nl.go.kr/kolisnet)에서 이용하실 수 있습니다.(CIP제어번호: CIP2011005157)

99%를 위한

분수경제

초판 1쇄 발행 2011년 12월 10일

지은이 정세균

펴낸이 고용석

등록번호 : 제03-01192호
등록일자 : 1999년 7월 15일
주소 : 서울시 마포구 서교동 394-66 동우빌딩 3층
전화 : 02-701-3443
팩스 : 02-701-3442
이메일 : onbooker@gmail.com

ⓒ 정세균
ISBN 978-89-88964-39-2 13320

차 례

99%를 위한 분수경제

정세균 지음

Publishing 다우

들어가는 말:
왜 분수경제를 말하는가?

유난히도 비가 많이 내렸던 2011년 초여름 어느 새벽, 경기도의 한 대형마트 기계실에서 아르바이트를 하던 꽃다운 젊은이가 세상을 떠났다. 이제 겨우 스물두살의 대학생이었다. 그는 가정형편이 어려워 독학과 검정고시로 대학생이 되었지만 이내 감당하기 힘든 대학 등록금의 벽에 부딪혔다. 군 복무로 시간을 벌었지만 상황은 조금도 나아지지 않았다. 어떻게 해서든 돈을 더 벌어야 했기에 위험한 아르바이트를 감수할 수밖에 없었고, 그것이 세상과의 마지막 인연이 되었다.

나는, 그리고 우리 세대는, 그래도 이 정도는 아니었다. 먹고살기 어려운 것이야 이루 말할 수도 없었지만 그래도 우리 세대에겐 기회가 있었다. 아무리 형편이 어려워도 공부만 열심히 하면 학교에 다닐 수 있었고, 학교를 졸업하면 일자리를 찾기가 지금처럼 이렇게 어렵지는 않았다. '세계화'라는 시대적 흐름 덕택에 해외에서 일하거나 공부할 수 있는 기회도 열려 있었고, 열심히 일하면 비교적 그에 합당한 보상을 받을 수 있었다.

이해하기도 설명하기도 어려운 현상이다. 30년 전과는 감히 비교도 할 수 없을 정도로 나라의 경제가 성장했다. '기적'이라고 불릴 만큼 빠르고 높은 성장이었다. 그럼에도 불구하고 태반의 사람들이 먹고살기 힘들다고 한다. 학교에서, 시장통에서, 농촌에서, 공장에서 만난 대다수 국민들은 죽을 지경이라며 하소연한다. 기적 같은 성장의 과실이 99%의 국민들에게는 나누어지지 않은 것이다.

먹고살기 힘들다는 국민들의 아우성은 '복지'에 대한 요구로 분출되었다. 무상급식을 둘러싼 논란처럼 사회 전체적으로 복지에 대한 관심이 높아지고 있다. 다른 나라에 비해서도, 또 현재의 소득 수준에 비해서도 현저히 낮은 우리나라의 복지 수준을 고려하면 바람직한 일이다. 그런데 복지는 시장에서 소득이 1차 배분된 다음에 2차로 그 부족한 부분을 보충해주는 일이다. 복지도 중요하지만 그보다 시급한 것은 시장질서 자체를 바로잡는 일이며 이는 사실상 우리나라 경제의 전체적인 균형을 바로잡는 일과 직결된다. 시장질서가 제대로 되어야 지속가능한 장기 경제성장의 길로 나아갈 수 있고 복지의 부담도 줄일 수 있다.

지금이라도 생산자와 소비자, 대기업과 중소기업, 기업과 노동자, 정규직과 비정규직, 부유층과 빈곤층 등이 서로 공정하고 공평한 균형을 이루어야 한다. 한쪽으로 지나치게 기울어 균형이 깨지면 억울하고 불행한 사람이 생겨날뿐더러, 사회 전체적으로 갈등이 심화되고 장기적인 경제성장도 위태로워진다. 그렇게 되면 우리는 결국 선진국의 꿈을 이루지 못한 채 중진국 수준에서 정체될지도 모른다. 그러니 경제 전체의 균형을 바로잡는 일이야말로 정부의 더없이 중요한 과제일 터이다.

그러나 현 정부는 이러한 과제를 외면했다. 도리어 부유층과 대기업 등 경제의 상층부에 혜택을 집중했다. 그 배후에는 '적하효과'라는 아주 생경한 이론이 있다. 다른 말로 '낙수효과'라고도 한다. 즉 위쪽에 물을 부으면 그 물이 아래로 흘러내리듯이, 상층부에 있는 대기업과 부자들의 욕망을 충족시키면 그 효과가 아래로 흘러내려 경제 전체에 미친다는 것이다. 그러나 아무리 그럴듯한 논리를 내세우더라도 낙수이론이 그리는 세상의 본질은 "강자는 더욱 강하게, 약자는 더욱 의존적으로" 만드는 경제다. 정치적으로 무책임하고 인간적으로 몰염치하다.

이명박 정부는 '적하효과', '낙수효과'라는 가면을 쓰고 보수적인 신자유주의 경제정책들을 도입해 왔다. 신자유주의의 폐해에 대해 전 세계가 자성하고 대안을 찾느라 골몰하는 사이에 이명박 정부와 한나라당은 이미 파산선고를 받은 '낙수경제'에 올인하고 있다. 결국 그런 정책들이 실패로 돌아가 양극화를 심화시키고 민생을 어려움에 빠뜨리자 허울뿐인 '공정사회', '공생발전'을 운운하고 있다. '공정사회'는 그들이 얼마나 공정치 못했는가를, '공생발전'은 그들이 얼마나 약자를 짓밟아 왔는지를 드러낼 따름이다.

이제 경제정책 방향의 대전환이 필요한 시점이다. 부유층과 대기업이 아니라 서민과 중산층, 중소기업 등 경제의 하층부에 실질적인 혜택을 주어 그 효과가 분수처럼 위로 솟구쳐 올라 경제 전체로 퍼져가게 하는 분수경제가 그 해답이다.

중소기업의 성과를 대기업이 가로채 가지 못하도록 하고, 재벌총수가 경영을 전횡하면서도 그에 대한 책임은 지지 않는 문제를 바로잡아야 한다. 공공부문은, 작은 정부가 좋다는 신자유주의적 환상 속에서 뒷짐 지고 구경만 할 것이 아니라 서민과 중산층에게 실질적인 도움을 적극적으로 줄 수 있어야 한다. 열심히 일하면서도 제대로 대접받지 못하는 비정규직과 저임금 근로자들은 고용주에게 절대적으로 유리한 힘의 불균형 관계에서 벗어날 수 있도록 해야 한다. 그러고도 모자란 부분은 사회복지를 강화하여 보완해야 한다.

지역 간의 극심한 불균형문제는 수도권 집중에서 벗어나 전국토의 균형 발전을 위해 노력함으로써 극복해 나가야 할 것이며, 부동산 문제는 집값 떠받치기에서 벗어나 집값을 안정시켜 99% 서민에게 도움을 주는 방향으로 가야 한다. 또한 금융기관 대형화에 대한 맹신을 버리고 금융기관 간에 실질적인 경쟁이 도입되도록 하는 한편 금융감독을 강화하여 금융을 안정시키고 금융이 서민경제와 경제성장에 도움이 되도록 해야 한다. 이러한 것들이 이 책에서 다루게 될 분수경제의 모습이다.

이 책에서 나는 한국 경제에 심각한 어려움을 가져다준 신자유주의의 문제점과 낙수경제론의 오류에 관해 비판적으로 살펴볼 것이다. 그런 다음 한국 경제의 왜곡된 불균형을 바로잡기 위해 분수경제라는 발상의 전환과 이의 실현을 위한 성장모델의 변화가 필요하다고 주장할 것이다. 그러한 입장에 기초하여 재정, 세제개혁, 노동, 금융, 산업구조, 대외개방 등 다양한 부문에서 요구되는 개혁 과제들을 간략히 제시할 것이다.

나는 지금 당장은 어려워도 노력하고 인내하면 개인이든 기업이든 성공하고 성장할 수 있는 경제를 꿈꿔왔다. 그런 막연한 바람과 이미지를 구체화하기 위해 전문가들과 공부하고 토론했다. 의회와 행정부에서 겪었던 내 경험들도 되새겨 보았다. 그 결과가 여기에 내놓는 '분수경제'다. 나의 주장이 지지받길 원하지만, 생각이 다르더라도 토론될 수 있다면 더욱 기쁠 것이다.

1장

신자유주의 문제점과 낙수경제론의 오류

따로 가는 경제와 갈라지는 사회

우리나라는 외형적으로 볼 때 제법 잘사는 나라라고 할 수 있다. 우선 2007년에 2만1695달러까지 높아졌던 1인당 국민소득이 환율의 변화와 더불어 2008년에 1만9296달러, 2009년에 1만7193달러까지 뒷걸음치기는 했지만, 2010년에는 2만759달러로 다시금 2만 달러를 넘어섰다. 또 같은 해에 우리나라 코스피 상장사들 전체의 영업이익이 사상 최대를 기록했으며, 몇몇 대기업들은 벌써 몇 년째 연이어 사상 최대의 이익을 기록하면서 세계시장에서 이름을 떨치고 있다.

소득분배구조 악화와 경제성장 정체의 악순환

그런데 과연 우리 국민은 그에 걸맞게 행복해졌는가? 올해 초 한 여론조사에서 현 정부 3년 동안 살림살이가 나아졌다고 말한 응답자는 겨우 8%뿐이었으며(한국사회여론연구소, 2011년 3월 6일자), 또 다른 조사에서도 고작 11%에 머물렀는데(경향신문, 2011년 2월 24일자), 아마 그 뒤로 그 수치는 더욱 줄어들었을 것이다. 아니, 사실은 이런 조사 결과를 제시할 필요조차 없을 것이다. 양극화, 고용불안, 실업, 비정규직 만연, 영세 자영업의 몰락 등으로 인해, 서민과 중산층이 체감하는 어려움은 이미 극에 달하고 있으니 말이다. 게다가 저출산과 고령화가 당면문제로 다가오면서 적절한 대책이 마련되지 않을 경우, 앞으로 국민들이 감당해야 할 부담은 점점 더 가중될 전망이다.

소득분배가 점점 더 불평등하게 되고 사회계층 간 격차가 더욱 확대되어 왔다는 것은, 슬프지만 명백한 우리의 현실이다. 1997년 금융위기 이후 IMF의 주도로 급속하게 도입된 신자유주의적 경제구조 조정은 한편으로 오랜 관치경제체제에 시장기능을 회복시키는 장점이 있었지만, 다른 한편으로는 정리해고 도입을 비롯한 노동시장 유연화, 금융자유화와 금융개방 등을 추진하는 과정에서 많은 부작용을 막는 데에는 성공하지 못했고 재벌개혁도 끝내는 흐지부지된 문제가 있었다. 그 과정에서 소득분배구조는 점차 악화되었다. 외환위기 이후 급등했던 지니계수와 상대적 빈곤율은 〈그림1〉이 보여주듯 2000년대 들어 꾸준히 상승했고, 2008년에 금융위기를 겪으면서 더욱 높아졌다. 또 김대중·노무현 정부를 거치면서 비록 충분하지는 못하나마 국민기초생활보장제도 같은 사회복지제도의 기초가 마련되었지만, 이명박 정부 들어서는 재벌과 부자들에 대한 지원만 두드러지게 강화되어 서민과 중산층의 삶은 더욱 팍팍해지고 있다.

양극화와 소득분배 악화는 또한 경제성장 자체의 활력을 앗아가는 결과로 이어졌다. 박정희 정부 시대에는 관치경제를 통해, 오늘날의 보수 정권은 규제 완화나 감세를 통해, 기업과 부자에게 도움이 되는

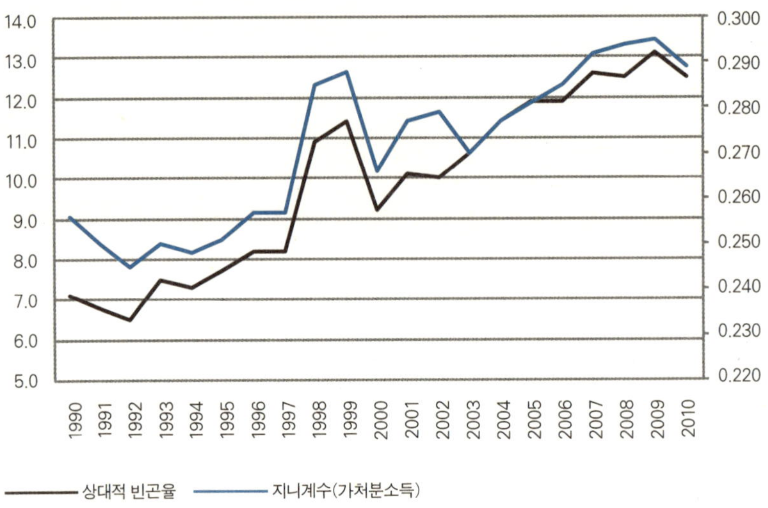

경제정책을 추진하여 우선 파이를 키우고, 이를 나중에 분배하면 된다고 주장한다. 그러면서 소득분배와 사회복지의 요구는 파이를 키우는 데—경제성장—에 장애가 된다며 비판한다. 그러나 오늘날 한국의 현실은 이와 반대로, 소득분배 악화가 경제성장 정체로 이어지며 악순환의 고리를 이루고 있는 모습이다. 즉 부자와 서민의 소득 격차가 자꾸 확대되면서 가난한 사람들의 삶은 더욱 힘들어지고, 기업들은 엄청난 이윤을 내면서도 투자를 꺼림에 따라 좋은 일자리가 줄어들고, 그리하여 장기적인 경제성장 전망은 더욱 불확실해지고 있는 상황이다. 당연히 이렇게 따로 가는 경제와 갈라지는 사회에서, 사람들은 희망을 잃어가고 있다. OECD 국가 가운데 자살률 1위, 노동시간 1위, 사회복지지

출과 출산율 꼴찌라는 기록은, 이렇듯 희망을 잃은 한국인들의 모습을 적나라하게 보여주고 있다.

한국 경제의 근본적인 문제점

지난 대통령선거에서 보수 정권을 선택했던 우리 국민들의 속내는 필시, 비록 도덕에 문제가 있고 부패에 물들었을지라도 최소한 경제 살리기만은 잘할 수 있지 않을까하는 바람이었을 것이다. 그렇다면 과연 현 정부의 경제 성적표는 어떠할까?

이명박 정부는 역대 어느 정부보다도 친재벌적이고 부자 중심적인 정책에 역점을 두어왔다. 뒤늦게 친서민 정책이나 공정사회, 공생발전 등의 구호를 외치고는 있지만, 현재 상황으로 볼 때 그 구호들은 한낱 정치적인 수사에 그칠 가능성이 높다. 그런데 문제는 현 정부가 일관되게 추진해 온 친재벌적이고 부자 중심적인 정책의 성과가 〈표1〉에 나타난 여러 주요 경제지표로 판단해 볼 때 결코 성공적이지 않다는 점이다. 경제성장, 설비투자, 경상수지, 재정수지 등과 같이 올라야 좋은 지표들은 죄다 내려갔고, 물가, 소득 불평등, 국가채무, 가계부채 등과 같이 내려가야 좋은 지표들은 죄다 올라가 버렸다. 오죽하면 최근 한나라당 내부에서조차도 이에 대한 반성의 목소리가 높아지고 있는 상황이다.

현 정부는 글로벌 금융위기 등의 외부적인 쇼크를 변명으로 삼아 스스로를 변호한다. 또 한편으로, 보수 정권의 경제적 실패를 부패와 무능에서 찾는 사람들도 있다. 그러나 여기에는 사실 구조적으로 보다 근본적인 문제가 자리 잡고 있다. 그 문제란 바로 우리나라 경제정책의 기본 방향이 시장의 작동을 맹신하는 신자유주의, 겉으로 내세우는 신

표1. 민주정부 대비 이명박 정부의 경제성적표

	김대중 정부 (1998-2002)	노무현 정부 (2003-2007)	이명박 정부 (2008-2010)	
경제성장율	4.8	4.3	2.9	↘
설비투자 증가율	1.3	4.9	3.7	↘
물가 상승률				
GDP 디플레이터	2.4	1.8	3.3	↗
소비자 물가지수	3.5	2.9	3.4	
소득 불평등				
지니계수	0.279	0.281	0.290	↗
상대적 빈곤율	10.3	11.7	12.3	
경상수지	4.54	2.16	0.68	↘
재정수지	-2.1	-0.4	-2.8	↘
국가채무	15.7	16.1	21.2	↗
(전기 대비 증가)		(+0.4%p)	(+5.1%p)	
가계부채				
가계대출 및 판매신용 (조원)	439.1	630.7	795.4	
(대 개인가처분소득 비율)	(107.5)	(115.6)	(124.0)	↗
개인금융부채 (조원)	535.8	795.3	1,011.0	
(대 개인가처분소득 비율)	(131.2)	(145.8)	(157.6)	

경제성장율, 설비투자 증가율, 물가상승률은 각 기간의 연평균. 지니계수와 상대적 빈곤율은 가처분소득 기준 통계의 해당 기간 평균. (상대적 빈곤율은 중위소득의 50%에 못 미치는 가구의 비율임.) 경상수지는 대GDP 비율의 연평균. 재정수지는 관리대상 통합재정수지의 대GDP 비율의 연평균. 국가채무는 말잔 기준 공적자금 및 외평채를 제외한 국가채무의 대GDP 비율. 가계부채는 말잔 기준 가계대출과 판매신용의 합, 그리고 이의 대 개인가처분소득 비율; 또는 자금순환표 상 개인금융부채, 그리고 이의 대 개인가처분소득 비율.

자유주의 구호 뒤에서 실제로는 시장을 왜곡시키고 있는 원칙 없는 관치경제와 재벌체제, 그리고 작금의 한국 현실에 부합하지 않는 '낙수효과'에 기초하고 있다는 점이다.

이처럼 경제정책의 기초가 잘못된 상황이라면, 설혹 깨끗한 보수가 집권하거나, 또는 진보를 자처하는 정당이 집권하더라도, 현재의 심각한 경제문제를 제대로 해결할 수 없을 것이다. 그러니 앞으로 현 정부와 동일한 잘못을 되풀이하지 않으려면, 보다 뿌리 깊은 문제와 최근에 악화된 문제를 잘 분별하여 살펴볼 필요가 있다. 그럼 먼저 신자유주의의 문제점과 낙수경제론의 오류를 비판적으로 살펴보자.

시장 기능의 한계와 신자유주의

1980년대부터 미국을 비롯한 여러 나라들은 자유화, 규제 완화, 노동 유연화, 작은 정부, 감세 등을 통해 '시장 기능을 강화'하는 이른바 신자유주의 경제정책을 채택했다. 신자유주의의 밑바탕에는 '보이지 않는 손'이라 일컫는 막연한 시장의 자율적 조정 기능에 대한 믿음이 깔려 있다. 즉 금융시장을 포함한 시장은 언제나 균형 상태이고, 시장이 자유롭게 작동할 때 경제의 효율성이 높아지며, 정부의 경제개입은 언제나 비효율적이라는 것이다. 우리나라에서는 이명박 정부에 들어 이 경향이 더욱 노골적으로 뚜렷해졌지만, 돌이켜보면 그 시작은 세계화와 민영화를 슬로건으로 내세웠던 1990년대 초반의 김영삼 정부로 거슬러 올라간다. 그리고 민주정부에서도 비록 진보적인 정책을 실시하려고 노력하였지만 사실상 신자유주의가 상당한 힘을 발휘했다.

세계 금융위기의 근원은 신자유주의에 있다

관치경제에 대한 비판과 민간주도경제론은 이미 1980년대부터 제기되었지만, 김영삼 정부 들어서는 '세계화'라는 기치 하에 금융자유화 및 금융개방 정책이 급속하게 도입되고 재벌에 대한 규제도 급속하게 완화되었다. 그러나 이는 결국 경제의 구조적인 문제와 불안정을 심화시켜 1997년의 외환금융위기로 이어지고 말았다. 그리고 민주정부의 경우에는, 외환위기 이후 10년 동안 신자유주의의 병폐를 제대로 막아내지 못한 채 휩쓸려 왔다고 할 수 있다. 특히 김대중 정부는 한나라당 정부가 남긴 경제위기에 대응하는 과정에서, 미국과 IMF의 강한 압박에 떠밀려 신자유주의 정책을 상당 부분 받아들여야 했다.

신자유주의에 대한 비판은 그 동안에도 꾸준히 제기되어 왔다. 자유화와 개방, 그리고 규제 완화가 경제의 효율성을 높이고 성장을 촉진할 것이라는 믿음과 달리, 1980년대 이후 세계경제는 이전 시기에 미치지 못하는 성과를 보였으며, 특히 많은 개발도상국들은 금융위기와 경제적 불안정에 시달려야 했다. 그리하여 이제 많은 사람들은, IMF와 세계은행을 비롯한 국제기구들이 개도국의 경제성장에 관해 합의한 정책 제언인 '워싱턴 컨센서스'가 결국 파산을 맞이했다고 지적하고 있다. 그러나 세계 곳곳의 수많은 사람들이 신자유주의의 한계와 문제점에 결정적으로 공감하게 된 계기는, 무엇보다도 2008년 가을에 닥친 전 세계적인 금융위기였다.

2000년대 들어 미국에서는 금융규제 완화와 금융혁신, 그리고 연방준비은행의 저금리 정책을 배경으로 주택시장의 버블이 심각한 수준에 이르렀다. 이런 상황에서 미국의 금융기관들은 잘못된 금융시장 모델에 기초하여 부채를 극대화하고, CDO(부채담보부증권) 등의 증권화된 금융파생상품에 과도한 투자를 감행함으로써 금융시스템을 위험하게 만들었다. 그리고 결국에는 버블이 터지면서 금융시스템이 붕괴하고 말았다. 글로벌 금융위기라는 값비싼 대가를 통해 우리가 다시금 되새겨야 할 교훈은 분명하다. 즉 시장, 그 중에서도 특히 금융시장은 근본적으로 불완전하며, 적절한 감독이 뒤따르지 않은 채 시장에 대한 규제가 완화될 경우에는 윤리의 실종과 도덕적 해이가 만연하는 등 매우 위험하다는 사실이다.

이와 함께 신자유주의가 경제적 불평등을 확대시켜 왔으며, 경제적 불평등의 확대야말로 다른 많은 문제들의 근원임을 많은 사람들이 깨닫기 시작했다. 미국에서 소득 불평등이 확대된 것은 바로 부자 감세, 노동 유연화, 부실한 사회안전망 같은 신자유주의 정책 때문이었다. 1980년대에 집권한 레이건의 공화당 정부는 신자유주의 정책을 대거 도입했으며, 이로써 소득분배가 지속적으로 악화되고 노동생산성이 상승하는 데에 비해 실질임금은 계속 정체되었다. 많은 연구들에서 나타나듯이 소득 불평등 지표인 지니계수와 더불어 전체 소득 대비 상위계층의 소득 비중이 높아졌는데, 금융위기 직전인 2007년에는 상위 1%가 전체 소득의 약 24%를 차지하는 데까지 이르러, 거의 대공황 직전 수준에 버금갈 정도였다.

최근에는 이러한 신자유주의와 불평등의 확대가 글로벌 금융위기의 뿌리라는 목소리가 높다. 예컨대 금융위기를 촉발한 서브프라임 모기지 사태로 말하자면, 정부가 소득불평등 확대에 따른 사회 불안을 완화하고자 저소득층에게 주택 구입을 위한 대출을 촉진하면서, 결과적으로 가계부채가 증가하고 주택가격에 거품이 나타난 데에 그 원인이 있다고 지적된다(로버트 라이시,『위기는 왜 반복되는가』, 라구람 라잔,『폴트라인』). 또한 보다 진보적인 학자들은, 빈곤과 불평등의 악화로 인해 수요가 감소하자 금융자본이 버블과 금융혁신 등을 이용하여 부채에 기초한 소비를 국민들에게 계속 자극했다고 주장한다. 결국 신자유주의를 배경으로 한 불평등의 악화와 이를 타개하기 위한 경제의 금융화가 금융위기를 일으킨 근본 요인이었다는 것이다.

건전한 시장경제를 위한 대책이 시급하다

이제 신자유주의에 대한 시민들의 반대와 저항의 목소리도 높아지고 있다. 지난 9월에는 미국 금융자본주의의 심장부인 월스트리트에서 이른바 '월가 점령(Occupy Wall Street)' 시위가 시작되어, 이후 미국 전역과 세계 여러 나라로 퍼져나가고 있다. 이들 시위대가 외치는 "우리는 99%다", "부자에게 세금을" 같은 구호는 탐욕스런 상위 1% 월가 금융인들에 대한 비판이자, 곧 1980년대 이후 소득분배를 악화시킨 불공평한 신자유주의 금융자본주의에 대한 반대이기도 하다. 이미 2011년 4월 4일에는 당시 IMF 총재였던 스트로스 칸 역시 "이제 시계추는 시장에서 정부로 옮겨가고 있다"면서 "보이지 않는 손이 보이지 않는 주먹이 되어서는 안 된다"고 경고한 바 있다. 아울러 그는 세계경제 위기의 근본 원인으로 소득불평등을 꼽으면서 각국 정부가 불평등과 사회 통합 문제에 더욱 주의를 기울여야 한다고 당부했다.

뒤늦게 신자유주의 정책을 강화해 온 우리나라로서는, 만약 서둘러 대비책을 마련하지 못할 경우, 머지않아 경제 붕괴와 금융위기에 직면하게 될 가능성이 높다. 우리나라 역시 미국의 경우와 마찬가지로 양극화에 따른 생활고와 과도한 주택비용, 그리고 교육비를 빚으로 메워 왔는데, 이제 우리나라의 가계부채는 가처분소득을 훨씬 넘어 무려 900조 원에 달하고 있으며, 특히 저소득층은 이제 빚이 소득의 3배에 이를 정도로 위험한 상황이다. 더구나 우리나라는 다른 나라들과 달리 글로벌 금융위기 이후에도 가계부채가 계속 늘어나고 있는 형편이라, 만약 부동산시장의 버블이 꺼진다면 경제에 미치는 충격이 엄청날 것으로 우려되고 있다.

이렇게 볼 때, 신자유주의는 시장 기능을 강화하여 경제를 효율적으로 만드는 것이 아니라, 오히려 시장의 불안정성을 극대화하고 소득불평등을 악화시켜 시장경제의 발전을 왜곡한다고 할 수 있다. 소수만을 부자로 만들고, 그 부자들과 수많은 가난한 사람들 사이의 소득격차를 점점 더 확대시키는 신자유주의적 시장경제는 결코 건강한 시장경제라고 할 수 없다. 경제 전체의 성장과 사회구성원 모두의 행복을 추구하는 것이야말로 진정 건전한 시장경제이다. 이처럼 다함께 잘사는 경제를 만들기 위해서는 경제를 막연히 시장의 자율기능에 맡기기보다는 시장의 역기능을 규제하고 사회 전체의 균형적인 발전을 꾀하는 노력이 필수적이다.

잘못된 낙수경제론

신자유주의의 핵심에는 이른바 낙수경제론(trickle down economics)
이 있다. 대기업과 부자가 먼저 잘살게 되면 그 혜택이 아래로 떨어져
나머지 국민들도 잘살게 되는 이른바 낙수효과, 또는 적하효과(trickle
down effects)가 나타나므로, 정부로서는 마땅히 대기업과 부자들을
우선하는 경제정책을 펼쳐야 한다는 것이다. 이러한 논리에 기초하여
한나라당과 이명박 정부는 1980년대 이후 미국에 신자유주의를 도입
했던 레이건과 부시의 공화당 정부를 본받아, 부자의 세금 부담을 줄
여주고 대기업과 관련된 각종 규제를 완화하고 노동시장을 더욱 유연
하게 만들어 왔다. 그러나 이러한 정책들은 공히 경제의 위쪽에 위치하
는 부자와 대기업만을 살찌게 해줄 뿐이며, 경제의 아래쪽에 위치하는
서민과 중소기업으로서는 더더욱 힘들어지기만 할 따름이다.

낙수경제론의 세 가지 논리

낙수경제론은 크게 세 가지 논리를 근거로 삼는데, 하나같이 타당성이

부족하다. 첫 번째 논리는 부유층의 소비지출이 늘어야 경제가 잘 돌아간다는 것이다. 그러나 부유층의 한계소비성향이 빈곤층보다 낮기 때문에, 이 주장은 틀릴 수밖에 없다. 부유층이 빈곤층보다 소비를 더 많이 하는 것은 분명한 사실이지만, 그들은 지금도 이미 충분한 양을 소비하고 있기 때문에, 앞으로 소득이 크게 늘어난다고 하여 소비 역시 그만큼 큰 폭으로 늘어날 가능성은 별로 없다. 그보다는 오히려 빈곤층에게 소득 재분배가 이루어질 때 소비가 훨씬 더 진작될 수 있다. 빈곤층은 부유층과 달리, 더 쓰고 싶어도 소득이 모자라 소비를 늘리지 못하는 처지이기 때문이다. 이러한 논리에서 케인즈는 대공황 시기에, 정부가 소득을 재분배하면 내수가 활성화되어 경제 불황으로부터 탈출할 수 있다고 주장했던 것이다.

두 번째 논리는 주로 미국에서 거론되는데, 즉 세금이 높아지면 부자들이 일할 의욕을 잃고 복지가 과다해지면 빈곤층이 일할 의욕을 잃으니, 세금과 복지를 둘 다 줄여야 부자와 빈곤층 모두 의욕적으로 일하게 된다는 것이다. 언뜻 그럴싸한 논리처럼 들리지만, 이는 곧 불로소득을 즐기는 부자의 세금을 깎아주고 힘들게 일하는 빈곤층의 소득을 더 낮춰야 한다는 주장으로 이어진다. 그러니까 결국, 저명한 경제학자인 갤브레이스가 지적했듯이, 부유층은 소득이 적어 일하지 않고 빈곤층은 소득이 많아 일하지 않으므로 빈곤층에게서 빼앗아 부유층에게 주어야 한다는 이상한 논리인 셈이다.

마지막으로 세 번째 논리는 대기업에 감세 혜택을 주어야 투자가 확충된다는 것이다. 그러나 이러한 주장도 현실성이 없기는 마찬가지이다. 특히 우리나라 대기업의 경우, 돈이 없어 투자를 못하던 시절은 이미 오래전에 지나갔다. 투자 기회만 좋다면, 기업은 돈을 빌리거나 자본금을 끌어들여 투자에 나서기 마련이다. 투자가 잘 이루어지지 않는다면, 그것은 투자 기회가 불투명하고 미래 경기가 불확실하기 때문이다. 실제로 여러 경제학 연구들에 따르면, 세금이 기업 투자에 미치는 영향은 별로 크지 않은 것으로 나타난다. 이윤이 큰 폭으로 증가했는데도 불구하고 투자는 그만큼 확대하고 있지 않은 우리나라 대기업들의 최근 동향을 보더라도, 법인세 감소로 인한 순이익 증가가 투자 촉진에 미치는 효과는 제한적이라고 할 수 있다.

위에서 부은 물은 아래로 떨어지지 않는다

실제로 우리나라 대기업들이 사상 최대의 이익을 기록하면서도 그에 따른 낙수효과, 즉 국내투자와 고용이 늘어나는 효과가 이전보다 훨씬 작아진 데에는 몇 가지 이유가 있다. 우선, 그간 우리나라 대기업들의 국내투자가 비교적 양호한 편이었다는 점을 들 수 있다. 최근 우리나라 경제에서 전체적으로 투자가 부진했던 것은 주로 자금 조달상의 문제나 대기업의 불공정한 행태로 어려움을 겪는 중소기업의 문제였지, 대기업의 문제가 아니었다. 그리고 사실, 투자 확대로 인해 경제가 활성화될 것이라는 생각 자체가 이미 오늘날과는 잘 맞지 않는다. 그것은 물적 자본이 부족하던 시절에나 어울리는 생각이다. 또한 최근 몇 년 사이에 국내 기업의 해외투자가 급속히 증가한 것처럼, 기업들의 투자 자체도 이제 국내가 아니라 해외에서 이루어질 가능성이 크다.

　이처럼 현실적이지 않은 논리에 기초하여 대기업과 부유층에 혜택을 몰아주는 낙수경제론은, 결국 사회 전체적으로 경제적 불평등을 확대시킬 뿐이다. 위쪽에 쏟아 부은 물은 거의 아래로 떨어져 내리지 않는다. 낙수경제론으로 인해 경제적 불평등이 사회 전체적으로 확대되면, 그들의 주장과 달리 경제는 더욱 어려워지게 된다. 따라서 이제는 낙수경제론이 아니라 분수경제론(bottom up economics)이 필요한 시점이다. 즉 낮은 곳에서 경제의 원동력을 찾아 그 힘이 분수처럼 솟구쳐 오르는 경제구조를 만들어서 경제 전체를 활성화시켜야 하는 것이다.

분수경제론이 필요하다

경제성장은 기업의 자본과 생산설비, 경영 능력만으로 이루어지는 것이 아니다. 그 밑바탕에는 반드시 노동자와 소비자의 튼튼한 뒷받침이 수반되어야 한다. 아래로부터 올라오는 이러한 힘이 약하면 경제 전체가 허약해지고, 성장이 지속될 수 없다. 1960년대와 1970년대의 우리나라 기업들은 자금을 얻고 생산설비를 들여놓고 여기에 단순노동만 적절히 결합하여, 수출시장을 겨냥한 제품들을 생산해낼 수 있었다. 그러나 그러한 단계는 이미 다른 개발도상국으로 넘어갔으며, 이를 돌이키려 애쓰는 것은 더 이상 합당한 선택이 되지 못한다.

경제적 평등이 경제성장을 촉진하는 이유

이제 우리에게 필요한 것은 단순노동을 넘어서는 수준 높은 인적자본이며, 이를 위해서는 노동자의 전체적인 교육 수준과 생산성을 향상시키고 창의성을 키워내야 한다. 저임금으로 노동자들을 쥐어짜고 억압하는 행태는 도리어 인적자본의 축적과 창의력의 발현을 가로막을 뿐이다. 또한 일하는 노동자는 곧 돈을 쓰는 소비자이기도 하다. 소비자가 잘살아야 내수 경기가 살아나며, 그래야 투자와 생산이 전체적으로 활발해져 장기적인 경제성장으로 이어질 수 있다. 경제적 불평등이 심화되면 이러한 선순환이 어려워진다.

경제적 평등을 추구하면 효율이 떨어져 경제성장에 좋지 않다는 주장, 즉 평등과 효율 사이에 상충관계(trade-off)가 있다는 주장은 이미 철지난 옛날 경제학의 이야기이다. 최근의 많은 경제학자들은 부와 소득분배의 경제적 평등이 효율을 높이고 경제성장을 촉진하는 데에 더욱 유용하다고 생각하며, 이러한 생각은 다양한 이론과 실증적 연구들을 통해 뒷받침되고 있다.

우선, 한 사회의 경제적인 불평등이 너무 심해지면 사회적 갈등과 정치적 불안이 심각해진다. 소득불평등이 심각한 남미나 아프리카의 여러 개발도상국들에서는 빈번한 군사쿠데타와 내전, 그리고 시민들의 시위 등으로 정치적 불안이 계속 이어진 바 있다. 이러한 상황이라면 사람들은 당연히 장기적인 투자를 꺼릴 것이며, 따라서 경제성장률이 떨어지게 될 것이다.

둘째, 인재는 부유층에서만 나오는 것이 아니다. 그러므로 만약 가난하지만 똑똑한 인재를 제대로 키워내지 못한다면, 경제 전체가 장기적으로 성장하기에는 많은 어려움이 따를 것이다. 특히 금융시장이 불완전한 상황에서 부의 불평등이 심각하다면, 학자금을 자체적으로 조달하기 어려운 가난한 가정의 인재들은 고등교육의 기회를 갖지 못하게 되고, 결국에는 국가 인적자본이 빈약해져 장기적인 경제 성장에 심각한 문제가 초래될 수 있다. 이는 인적자본의 중요성과 금융시장의 불완전성을 강조하는 최근의 신성장이론(new growth theory)에서 강조되는 논리인데, 그러한 문제를 극복하기 위해서는 한마디로 균등한 기회가 실질적으로 보장되어야 한다. 즉 부모의 경제적 지위가 아니라 개인의 노력과 능력에 따라 학업과 직업상의 성공이 판가름될 수 있어야 하고, 그러기 위해서는 모든 개인에게 최소한의 교육과 의료와 소비가 보장되어야 한다. 나아가 우리나라처럼 값비싼 사교육에 대한 의존도가 지나치게 높은 현실에서는 저소득층 자녀들이 좋은 교육을 받고 유명대학에 진학하기가 어려울 것이므로, 정부가 공교육을 바로잡아 실질적인 기회 균등을 제공할 필요가 있다.

셋째, 자본시장이 불완전한 현실에서는 경제적 불평등이 기업 투자와 관련된 자본의 효율을 떨어뜨릴 수도 있다. 재벌가의 후손이 물려받은 돈으로 기업을 차리면 그룹 회사들이 물량을 몰아주어 쉽게 성장하지만, 중소기업은 사업 아이템과 기술력이 뛰어나더라도 담보가 없어 자금을 조달하는 데에 어려움을 겪을 수 있다. 그리고 이런 불공정한 경쟁구조 속에서는 경제 전체의 자본 배분이 왜곡되어 효율과 성장을 저해할 수 있다. 결국 경제적 불평등이 심각하면 악순환이 대물림되면서 아래로부터 분출되는 동력이 가로막히고, 그리하여 사회 전체의 장기적인 경제성장이 저해되는 것이다.

지나친 불평등은 정당화될 수 없다

결과의 평등을 그저 공산주의에서나 떠드는 소리 정도로 매도하는 사람들이 종종 있다. 물론 기존의 사회주의 국가들이 분명하게 보여주었듯이, 게으름을 없애고 일할 의욕을 자극하려면 경쟁과 그에 따른 결과의 불평등이 어느 정도 필요할 수 있다.

그러나 지나친 불평등은 오히려 역효과를 가져온다. 일찍이 케인즈가 지적했듯이, "소득과 재산에 차이가 나는 것을 사회적으로나 심리적으로 정당화시킬 수 있음을 나도 알지만, 오늘날처럼 그렇게 크게 차이가 나야만 하는 것은 아니다. 사람이 하는 소중한 활동 가운데에는 돈 벌 욕심과 사유재산제가 있어야만 비로소 제대로 되는 것들이 있다. 그러나 이러한 활동을 자극하고 이러한 성향을 만족시키는 데에 지금처럼 그렇게 많은 돈을 걸고 다툴 것까지는 없다. 훨씬 적은 돈을 걸더라도, 사람들이 곧 거기에 익숙해지면서, 같은 목적을 이룰 수 있다."

최근에는 결과의 평등 대신 기회의 평등을 더욱 강조하는 학자들이 많지만, 자녀교육의 계층 간 격차에서 알 수 있듯이, 결과의 불평등은 다음 세대에게 경쟁의 출발선을 다르게 만들어 기회의 평등까지 해칠 수 있다. 돈이 정치에 미치는 엄청난 영향력을 고려해 보면, 경제적 불평등은 또한 정치력의 불평등으로 이어져 진정한 민주주의의 발전을 가로막고, 그 결과 잘못된 정부가 잘못된 정책을 추진하면 국민 모두를 위한 경제성장도 어렵게 만든다.

경제적 평등은 시장경제를 망치는 것이 아니라, 시장경제에서 소외된 계층을 감싸 안고 시장경제로 끌어들여 아래로부터 나오는 경제성장의 동력을 더욱 강화시킴으로써 오히려 시장경제를 살리는 것이다. 이를 통해 경제 전체의 자원을 광범위하고 다양하고 고르게 활용하면서 효율을 높여, 꾸준하고 장기적인 성장을 가능하게 해준다.

2장

낙수경제론에서 분수경제론으로

나누면서 더 커지는 파이:
평등한 성장과 동아시아의 기적

분수경제론은 박정희 정권 이래 보수파가 전가의 보도처럼 내세워 온 주장, 즉 먼저 파이를 키우고 나중에 나누어야 한다는 '선성장 후분배'의 논리를 정면으로 반박한다. 보수 정권들은 노동자가 열심히 일하는 대신에 자기 이익만 앞세우면 분배를 둘러싼 갈등이 심화되어 투자와 경쟁력이 감소하고, 나아가 경제성장이 위축될 것이라고 주장한다. 또한 정부가 노동조합 같은 강력한 사회집단에 휘둘리면 '포퓰리즘'을 추구하여, 사회복지 지출을 늘리는 등의 비효율적인 경제정책을 펴기 쉽다고 주장한다. 결국 노동자와 중소기업 같은 사회 하위계층은 파이가 커질 때까지 참고 견뎌야 하며, 성장이 이루어진 후에 그 과실을 분배받으면 된다는 것이다.

평등한 성장

그러나 설령 파이가 커진다 하더라도, 그 이후에 제대로 나누어질 수 있을지는 사실상 의문이다. 실제로 그간 경제성장의 과실은 부자와 대기업에만 집중되었으며, 가난한 사람들에게는 아무리 기다려도 그 혜택이 돌아가지 못했다. 그리고 앞서 보았듯이, 경제적 불평등과 양극화의 심화는 그 자체로 가난한 사람들을 더 가난하게 만들 뿐만 아니라, 나아가 경제성장 자체를 가로막을 수도 있다. 따라서 분수경제론은 파이를 나누면서 더욱 잘 키울 수 있다는 '분배와 함께 가는 성장'을 주장한다. 말하자면 성장과 분배는 결코 함께 좇을 수 없는 두 마리의 토끼가 아니라, 한 쌍을 이루어 수레를 움직이는 두 개의 수레바퀴와 같다는 것이다.

분수경제론은 보다 평등한 사회가 더욱 빨리 성장할 수 있는 가능성, 즉 이른바 '평등한 성장'의 가능성을 모색한다. 앞에서 우리는 불평등이 장기적으로 성장을 저해할 수 있는 근거를 살펴보았다. 이를 거꾸로 생각하면, 보다 평등한 사회일수록 교육투자가 높아지고 인적자본이 발전되며, 사회가 안정되어 장기적인 성장률이 높을 것이다. 이와 함께 최근 세계은행도 강조하듯이, 소득과 부의 심각한 불평등은 제도의 발전을 가로막을 수 있다. 제도야말로 거시경제 관리나 경제 개방을 비롯한 그 어떤 경제정책보다도 경제성장에 근본적으로 중요한 요인이라는 점은 이미 많은 학자들이 인정하고 있는 바이다.

불평등이 심각하여 소수의 특권층이 돈과 권력을 모두 장악하면, 부정부패가 심해지고 민주주의와 대중교육의 발전이 저해되어 제도의 수준도 낮아진다. 그리고 이는 결국 경제성장에 심각한 악영향을 미치게 된다. 이미 잘 알려져 있다시피, 역사적으로 소규모 농장이 발달했던 북미는 대농장제 하에서 소수의 지주가 많은 농민들을 착취했던 남미에 비해 경제적으로 더 평등했는데, 그 결과 북미가 남미에 비해 민주주의와 교육의 수준이 더 높았으며, 정부의 효율성과 능력이라는 측면에서도 상대적으로 앞섰고 장기적으로 경제성장의 정도가 더 높았다.

동아시아의 기적과 남미의 실패

여기서 특히 기억해 두어야 할 것은, 바로 우리나라의 과거 경험이 평등한 성장의 세계적인 대표 사례로 널리 인식되고 있다는 사실이다. 전세계의 많은 경제학자들은 한국과 대만에 이어 말레이시아와 태국 등의 동아시아 국가들이 1960년대 이후 세계 최고의 경제성장을 달성했다는 사실에 주목한다. 세계은행은 이러한 경험을 동아시아의 기적(East Asian miracle)이라고 불렀다. 동아시아 국가들은 비교적 평등한 소득분배에서 출발한 덕분에 급속한 성장을 이루었으며, 성장과정에서도 다른 국가들에 비해 상대적으로 균등한 소득분배를 상당 기간 유지함으로써, 성장과 분배가 선순환을 이루는 '나누는 성장(shared growth)'의 성공사례로 꼽힌다.

　　동아시아가 남미와 달리 경제성장에 성공할 수 있었던 중요한 원인 역시 경제발전의 초기 단계에 더욱 평등했다는 점에 있다. 한국과 대만 등의 나라들은, 물론 공산혁명을 막기 위한 노력이기도 했지만, 제2차 세계대전 이후 토지개혁을 성공적으로 수행하여 비교적 평등한 사회를 이루었으며, 이는 앞서 살펴본 바대로 경제성장을 촉진하는 주요한 요인이 되었다. 경제가 보다 평등했던 동아시아의 정부들은 이른바 발전국가(developmental state)의 역할을 수행하여 효과적인 경제

정책을 펼 수 있었던 반면, 남미의 정부들은 강력한 힘을 지닌 기득권 그룹의 이해만을 대변하다가 결국 경제발전에 실패했는데, 이러한 사실은 아주 흥미로운 대조를 이룬다. 〈표2〉는 각국의 장기적인 성장과 분배의 상관관계를 잘 보여준다.

경제성장 초기 단계의 소득분배와 토지분배, 그리고 이후의 장기적인 성장률을 비교해 보면, 우리나라를 비롯한 동아시아 국가들은 남미 국가들에 비해 보다 평등하고 성장률도 높았다. 나아가 세계 여러

표2. 개도국들의 경제성장과 분배

	성장률, 1965-2003	소득 지니계수	토지소유 지니계수
한국	6.06	35.3	33.9
대만	—	30.1	—
인도네시아	3.92	37.5	55.5
말레이시아	3.98	49.9	64.1
필리핀	1.23	48.5	56
브라질	2.40	60.5	84.1
멕시코	1.75	54.4	60.7
아르헨티나	0.9	41.8	85.6
남아프리카	0.64	49.0	—
케냐	1.27	63.8	75.0
터키	1.93	50.5	59.5
방글라데시	1.00	35.9	41.8
인도	2.54	30.8	61.4

자료: World Development Indicators, World Income Inequality Database
주: 1) 성장률은 일인당 GDP 성장률
　　2) 소득의 지니계수는 전 기간 동안의 평균값이며 토지소유 지니계수는 1960년의 수치

나라의 자료를 검토한 연구들을 살펴보면, 대체로 소득과 토지를 비롯한 부의 불균등한 분배가 장기적인 경제성장에 악영향을 미치는 것으로 나타난다. 분배가 성장을 저해할 것이라면서 선성장 후분배를 고집하던 사람들에게는 이러한 결과가 무척 놀랍게 느껴질 것이다. 이렇듯 분수경제론의 성장모델은, 파이는 나누어야 더 커질 수 있음을 강조한다. 선성장 후분배의 주장과는 달리 불평등이 너무 심각하면 일단 파이 자체가 커지기 어려우며, 공평하게 나누기 위한 노력이야말로 파이를 더욱 크게 만들 수 있다는 것이다. 그런데 1990년대 이후 우리나라에서는 불평등이 지속적으로 확대되어 오고 있으며, 오늘날에는 양극화로 인한 폐해가 장기성장을 위협하는 단계에까지 이르고 있다.

두터운 중산층과 모두가 잘사는 나라

시장경제의 오랜 역사를 검토해 보더라도, 상대적으로 평등한 경제에서 오히려 장기적인 성장률이 높았던 경우를 많이 찾아볼 수 있다. 일찍이 자본주의 발달 초기에 네덜란드와 영국은 스페인이나 프랑스보다 평등하여 시장경제가 먼저 발달할 수 있었고, 미주 대륙의 경우에도 유럽인들이 정착하여 불평등이 낮았던 북미에서 더욱 성공적인 경제성장이 이루어졌다. 물론 19세기 말에서 20세기 초에는 미국 사회의 빈부격차가 날로 확대되기도 했지만, 20세기 초에 이루어진 반독점법을 통한 독점기업 규제와 대공황 이후 1930년대에 실행된 뉴딜정책을 통해 경제적 불평등이 크게 줄어들고 중산층이 두터워지면서, 이후 장기 성장의 기반이 마련되었다.

경제적 평등과 정치·사회적 안정, 그리고 경제성장

미국의 경우, 전체 소득 가운데 상위 1%의 소득이 차지하는 비중은 대공황 직전인 1929년에 약 24%까지 치솟아 사상 최고치를 기록했다.

그러다가 뉴딜정책이 이루어지고 제2차 세계대전 이후에 케인스주의 복지국가 개념이 자리 잡으면서, 노동자 세력의 강화와 실질임금 상승, 사회복지의 확대 등으로 인하여 그 비중이 약 10% 수준으로 크게 하락했다. 그러나 1980년대 이후 신자유주의가 지배 이념으로 등장하고 낙수경제론의 논리가 강화되면서, 감세와 사회복지 축소, 노동조합 약화를 바탕으로 상위 1%의 소득 비중이 다시금 높아졌다. 그리고 급기야 2007년에는 대공황 직전의 수준까지 치솟더니, 결국 글로벌 금융위기가 터지고 말았다. 흥미롭게도, 소득이 최상위 부유층으로 지나치게 집중되고 소득분배의 불평등이 크게 확대되는 현상은 바로 대공황과 금융위기의 전조였던 것이다.

서유럽의 많은 나라들이 제2차 세계대전 이후 사회민주주의 체제에 기초하여 오늘날까지 장기적인 성장을 누리고 있는 것도 심각한 경제적 불평등이 해소되었기 때문이다. 결국 지난 수백 년에 걸친 자본주의의 역사가 남긴 가장 값진 교훈 가운데 하나는, 자본주의 시장경제가 잘 작동하려면 지나친 경제적 불평등을 줄여주어야 한다는 것이다.

두터운 중산층은 사회 통합에 필수적이다. 사회 전체에 연대의식, 또는 공동체의식이 높아지면, 뒤처진 집단을 충분히 배려함으로써 사회갈등을 줄일 수 있다. 그리고 이는 정치와 사회의 안정에도 도움이 되어, 다시 경제적 번영으로 이어진다. 경제는 단순한 돈벌이가 아니라, 정치·사회와 밀접하게 얽혀 있기 때문이다. 중산층이 두터운 사회는 사회적 갈등이 적기 때문에, 정부의 경제정책이 많은 사람들의 지지 속에 꾸준히 시행되어 성공을 거둘 가능성이 높다. 아울러 정치적인 안정은 장기적인 투자에도 유리한 환경을 제공한다.

반면 양극화가 심화되면 사회갈등이 높아지고, 경제 또한 앞으로 나아가기 어렵다. 예컨대 남미나 아프리카에서는 소득분배가 악화되면서 중산층이 붕괴했고, 사회가 불안해지면서 사람들이 저마다 자기 집단의 이익만을 추구하여 갈등이 끊이지 않았다. 게다가 정부 역시 경제성장을 위한 장기적인 정책들을 펴기보다는, 기업가와 노동조합을 비롯한 여러 사회집단들의 이해에 휘둘리면서 단기적이고 불안정한 정책 대응만을 일삼았다. 그리고 이렇듯 모든 사회집단들이 서로를 불신하고 정부의 정책을 신뢰하지 않는 까닭에, 경제위기를 맞은 상황에서 꼭 필요한 경제의 구조조정조차 순조롭게 이루지 못했다. 결국 불평등과 사회불안, 저성장의 악순환의 고리를 끊지 못하고서는 장기적인 경제성장의 길로 나아갈 수가 없는 것이다.

경제적 불평등은 정치력의 불평등으로 이어져, 돈과 권력을 모두 거머쥔 부유층은 각종 제도를 기득권 유지의 방편으로 만들어 버리기 쉽다. 재벌과 기득권층이 오랫동안 각종 개혁에 저항해 온 우리나라의 사례를 생각해 보라. 부유층은 노무현 정부 시절에도 별 근거 없는 논리를 들어 종합부동산세에 격렬히 반대했고, 결국 부동산가격 안정과 보다 균등한 세제개혁을 위한 노력은 물거품이 되고 말았다. 멀리 보자면, 근대 이전의 귀족사회도 그 대표적인 사례가 될 것이다.

불평등한 사회에서 평등한 사회로 옮겨가려면, 가진 자들의 자발적, 또는 비자발적 양보가 필요하다. 19세기 유럽 국가들의 경우를 살펴보면, 대중이 혁명의 위협을 가하거나 실제로 혁명을 일으킴으로써 정치적·경제적 민주화를 얻어내기도 했고, 때로는 보수적인 정치세력이 앞장서서 이른바 '위로부터의 혁명'을 통해 가진 자의 양보를 얻어내기도 했다. 오늘날에는 민주적인 선거를 통한 정권 교체가 가장 중요한 변화의 압력이지만, 여기에는 먼저 진정한 의미의 정치적 민주화가 선행되어야 한다. 그리고 정치적 민주화가 이루어진다면, 경제적 민주화를 통해 더 높은 경제성장이 가능할 것이다. 그러나 지금처럼 불평등이 심각하면 저소득층의 정치적 목소리와 사회적 영향력이 작아지면서, 개혁에 대한 요구가 약화되고 불평등이 고착될 수 있다.

최근 명문대학교 합격자들의 분포를 보면, 이러한 악순환의 가능성이 잘 드러난다. 2011학년도 입시에서 서울대학교에 합격한 서울지역 일반고 출신의 수험생 가운데 무려 42.5%가 이른바 강남 3구 출신이었다(뉴시스, 2011년 2월 23일). 또 전체 합격자 가운데 22.5%가 외국어고등학교를 비롯한 특목고 출신이었으며, 이러한 사정은 고려대학교와 연세대학교의 경우에도 거의 마찬가지였다. 고액의 사교육 없이는 특목고에 진학하는 것 자체가 어렵다는 점을 고려하면, 저소득층 자녀들의 명문대학교 진학이 얼마나 힘든 일인지를 알 수 있다. 이처럼 저소득층 자녀들의 명문대학교 진학과 사회지도층 진입이 점점 더 어려워진다면 교육을 통한 부와 불평등의 대물림이 심화될 것이며, 불평등 해결을 외치는 사회적인 목소리도 점점 더 약해질 것이다. 소수의 부유층 자녀를 제외한 대다수의 젊은이가 잘 살 수 있다는 희망을 갖지 못하는 사회, 이런 사회는 꿈과 희망이 없는 죽은 사회가 될 것이다.

1차적 분배구조가 더 중요하다

그렇다면 이미 심각해진 경제적 불평등을 어떻게 완화할 것인가? 이를 위해서는 물론 정부 차원의 소득 재분배 및 복지 정책이 필요하다. 특히 다른 나라들에 비해서도, 또 현재의 소득 수준에 비해서도 사회복지와 재분배의 수준이 한참 뒤떨어진 우리나라의 경우에는 그러한 정책이 더더욱 중요하다. 그러나 소득 재분배와 복지는 어디까지나 시장경제에서 분배가 끝난 다음에 이루어지는 2차적 분배의 문제이다. 그에 못지않게, 아니 그보다 더욱 중요한 것은 생산과정에서 이루어지는 1차적 분배이며, 그 결과가 어느 정도 공평하다면 그만큼 사회복지의 필요성도 줄어들 것이다.

최근 동반성장위원회는 대기업이 연초 예상보다 많은 이익을 거두었을 때 그 초과이익을 협력 중소업체와 나누는, 이른바 '초과이익 공유제'를 제안했다. 결국 재계는 시장경제에 어긋난다며 비판의 목소리를 높였고, 정부 경제부처 역시 현실성이 떨어진다는 이유로 난색을 표하면서 또 한 번 실속 없는 말잔치로 끝나버리기는 했지만, 이런 식의 발상은 실현되더라도 문제를 해결할 수 없는 심각한 결함을 애초부터 가지고 있다. 시장에서 이루어지는 1차적 분배의 공정성을 문제 삼지 않은 채 그 이후의 재분배에만 초점을 맞추기 때문이다. 그렇다면 이제 중산층과 서민의 상대적 소득을 먼저 증가시킴으로써 1차적 분배구조를 보다 공평하게 만들 수 있는 가능성에 관해 살펴보자.

대기업과 중소기업

낙수경제론에서 분수경제론으로 옮겨가야 할 필요성이 가장 절실한 영역 가운데 하나는, 바로 대기업과 중소기업 사이의 관계이다. 부유층과 빈곤층 사이에 두터운 중산층이 자리하고 있어야 건전한 소득구조라고 할 수 있듯이, 건전한 산업구조라면 대기업과 영세 자영업 사이에 두터운 중소기업군이 있고 중소기업의 상당수가 국제경쟁력과 독자적 기술력을 가진 중견기업이 되는 "항아리형 산업구조"가 되어야 할 것이다. 실제로 우리나라 중소기업들은 양적인 면에서 분명 경제의 두터운 몸통을 이루고 있다. 2009년 현재 종사자 1인 이상의 모든 기업 가운데 근로자 300인 미만의 중소기업이 차지하는 비중은, 전체 사업체 수의 99.9%, 종사자 수의 87.7%, 부가가치의 49.5%, 수출액의 32.3%에 이른다.

중소기업의 문제는 곧 대기업과의 관계에서 비롯되는 문제다

그러나 우리나라 중소기업들은 질적으로 매우 허약하며, 각종 지표에서 대기업과의 격차가 날로 벌어지고 있다. 특히 제조업 분야 중소기업의 3분의 2가량이 다양한 형태로 대기업의 하도급에 종사하는 현실을 미루어 볼 때, 중소기업의 문제는 대부분 그 자체의 문제라기보다 대기업과의 관계에서 비롯되는 문제라고 하겠다. 현재의 양극화된 산업구조에서 대기업의 단순 하도급업체에 불과한 중소기업이 독자적인 기술력과 국제경쟁력을 갖춘 중견기업으로 도약하기는 불가능하다. 일본이 잃어버린 10년의 경제적 침체 속에서도 버틸 수 있었던 것은 독자적 경쟁력을 가진 다수의 중소기업 및 중견기업이 버텨주고 있기 때문이라는 것은 널리 알려진 사실이다. 또한 사실상 중소기업이 전체 노동자의 소득 수준을 결정하는 이 현실에서, 소득분배가 개선되려면 반드시 이 문제가 해결되어야만 한다.

하도급 중소기업에 대한 대기업의 횡포와 부당거래 등을 포함한 대기업과 중소기업 사이의 문제는 어제오늘의 일이 아니며, 문제의 심각성 또한 오래전부터 누누이 지적되어 왔다. 예컨대 어느 외국 전문가는, 한국 대기업의 경쟁력은 고환율과 감세 등을 통한 정부의 대기업 지원, 노동자의 열악한 처지, 그리고 하도급 중소기업에 대한 수탈에서 나온다고 지적하기도 했다. 이런 상황에서 대기업과 중소기업 사이의 문제가 시장 자율적으로, 상호 협력을 통해 해결되리라고 기대하기란 사실상 무척 어려운 일이다. 이제 정부가 적극적으로 나서 시장질서를 바로잡지 않으면 안 될 시점이다.

정부가 단순히 대기업의 눈치를 보면서 그때그때 중소기업의 불만을 달래고 넘어가는 정도로는 결코 문제를 해결할 수 없으며, 오히려 문제를 더욱 악화시킬 뿐이다. 대기업과 중소기업의 일방적인 관계에서 비롯되는 문제는 우리나라 경제가 안고 있는 문제의 크나큰 부분을 차지하기 때문에 보다 근본적인 대책이 필요하다. 생산물 시장에서는 대기업의 독과점 구조에 치이고, 하도급거래에서는 협상력의 열세로 치이고, 판매과정에서는 대형 유통점에 치이고, 나아가 기술과 인력마저 대기업에 수시로 빼앗기고 있는 현실에서, 중소기업이 정당하게 이윤을 낼 수 있는 여지는 별로 크지 않다. 그렇다 보니 대기업에 비해 근로조건은 열악하고 연구개발은 뒤쳐질 수밖에 없는데, 이는 곧 중소기업이 고용의 대부분을 떠맡고 있는 우리나라의 현실에서 노동자들의 전체적인 소득 수준이 낮아질 수밖에 없음을 의미한다.

실제로 모든 산업을 통틀어, 대기업 노동자들의 임금 대비 중소기업 노동자들의 임금은 2000년 71.3%에서 2002년 67.5%, 2004년 64%로 꾸준히 하락해 왔다. 그 이후에 조금 개선되기는 했지만, 제조업의 경우에는 그 격차가 훨씬 더 크다. 2010년 현재 제조업 대기업의 1인당 평균급여는 4685만 원인 반면, 중소기업은 2350만 원에 불과하다. 게다가 최근에는 대기업과 중소기업의 수익성 격차가 더욱 커지고 있어 문제로 지적되고 있다. 또한 대기업 고용은 늘지 않는 가운데 제조업 전체 매출에서 대기업 매출이 차지하는 비중은 해마다 늘어나 지난해 처음으로 40%를 넘었고, 중소기업의 지위는 그만큼 더 약화되고 있다. 그리고 이러한 현실은, 청년실업이 매우 심각한데도 특히 지방의 중소기업들은 저임금밖에 줄 여력이 없고 그 결과 인력난에 시달릴 수밖에 없는 대단히 아이러니컬한 상황으로 이어진다.

비정규직과 고용불안을 비롯한 많은 노동문제들은 상당 부분 중소기업의 어려움과 상대적으로 열악한 노동환경에서 비롯되며, 이러한 제반 여건들이 개선되지 않는다면 복지 수요가 지나치게 커져 국가재정에 큰 부담으로 작용할 수 있다. 나아가 중소기업 문제는 교육 문제와도 밀접하게 얽혀 있다. 중소기업 형편이 열악하다 보니 좋은 일자리가 얼마 되지 않고, 그 얼마 되지 않는 좋은 일자리를 차지하기 위해 생산적인 교육보다는 소모적이고 경쟁적인 '점수 따기' 교육에 온 국민이 매달린다. 점수 따기 경쟁으로 좋은 일자리가 늘어나는 것은 아니다. 교육비 부담만 높아질 뿐이며 그 결과 국민의 생활수준을 떨어뜨린다. 또한 소모적인 점수 따기 경쟁은 그만큼 생산적인 교육을 위축시켜 중소기업 문제를 장기적으로 더욱 악화시킬 수 있다. 대기업과 중소기업 간의 격차를 줄이려면 새로운 중소기업들이 자꾸 진출하고 성장할 수 있어야 하는데 여기에는 창의력과 기술력이 절실하다. 그러나 점수 따기에 치중하는 교육으로는 이를 해결할 수 없다. 그 결과 대기업이 시장을 장악하고 중소기업을 못살게 구는 악순환이 되풀이된다. 중소기업이 활성화되어 좋은 일자리가 늘어난다면 학생들은 점수 따기에서 해방될 수 있고, 생산적이고 창의적인 교육을 통해 미래 산업을 발전시킬 원동력을 얻게 될 것이다. 이러한 이유로 중소기업을 살리는 분수경제야말로 장기 성장으로 가는 지름길이라고 말하는 것이다.

대기업과 중소기업의 관계를 개선하는 길

공정거래위원회는 공정한 시장경제 질서를 확립하고 소비자를 보호하는 막중한 책임을 맡고 있으며, 이러한 책임은 대기업과 중소기업의 관계에서도 대단히 중요하다. 그러나 바로 그 막중한 책임 때문에, 공정위는 줄곧 대기업, 특히 재벌에 포획되었을지 모른다는 의혹을 받고 있기도 하다. 이러한 의혹을 말끔히 해소하기 위해서는, 공정위의 독립성과 위상을 대폭 높여 외부 압력을 차단하고, 청렴성을 강화해야 한다. 또한 공정위 공무원들이 공직자윤리법의 맹점을 이용하여 퇴임 후 곧장 대기업을 위해 일하는(법률회사에 취업하는 식으로) 풍토를 없애야 한다. 실제로 보도에 따르면, 2008년 이후 공정위의 서기관급 이상 퇴직 간부 26명 가운데 절반인 13명이 법률회사에 재취업했는데(한겨레신문, 2011년 5월 5일자), 이러한 법률회사의 주고객은 다름 아닌 재벌 대기업들이다. 이러한 일이 계속 반복된다면, 그 어떤 새로운 재벌 대책이나 제도도 유명무실해질 가능성이 높다.

나아가 공정위는 단순한 행정집행의 차원을 넘어, 시장경쟁의 문제를 종합적으로 고민하고 새로운 대안을 제시할 수 있는 수준의 전문적인 연구역량을 갖출 필요가 있다. 나날이 바뀌어 가는 경제 현실에서 일상적인 사건을 조사하고 처리하는 업무에만 매달려서는 시장경제 질서를 능동적으로 바로잡아 나가기가 어렵다. 공정위의 연구 역량이 뒤처지면 유명 로펌에서 만들어오는 법령 개정안이 국회에서 다른 안건에 묻혀 그대로 통과됨으로써 사정을 악화시킬 우려가 있다. 이 밖에도, 대기업의 불공정한 행위를 감시하고 공정위의 적극적인 활동을 촉구하는 시민단체의 역할 또한 중요하다. 아울러 최근 확산되고 있는 투자 기준의 하나인 대기업의 사회적 책임 항목에 중소기업과의 공정한 거래와 협조적인 관계를 명시적으로 포함하도록 유도하는 것도 필요하다.

대기업과 중소기업의 관계를 개선하는 또 다른 길은, 일반 노동자들이 노동조합을 통해 협상력을 높이듯이, 중소기업에도 제한적이나마 집단 교섭이나 집단 문제제기를 할 수 있는 권한을 허용하여 취약한 협상력을 높여주는 것이다. 최근 대기업의 중소기업 기술 탈취와 관련하여 '3배 손해배상제'가 일부 도입되는 등 부분적인 진전이 있었지만, 이 정도로는 부족하다. '3배 손해배상제'를 하도급법 위반 사항 전체에 대해 전면 확대하고, 아울러 전속고발권의 제한적인 축소를 적극 검토해야 한다.

현재 공정거래위원회는 공정거래 문제에 관한 전속고발권을 가지고 있지만, 실제로는 고발에 소극적인 태도를 보이고 있다. 공정위가 경고 이상의 조치를 취한 사건 가운데 고발 조치에 들어간 경우는 매년 1% 안팎에 불과한 실정이다. 공정위가 사건을 고발 조치 없이 처리하고 나면, 피해 중소기업 측은 설혹 불만이 있더라도 달리 그 억울함을 풀 방도가 없으며, 이는 공정위의 조치에 대한 신뢰를 떨어뜨리는 원인이 된다. 따라서 공정위의 전속고발권을 축소하고, 이해당사자에게 고소고발권을 일정 부분 돌려줄 필요가 있다. 다만 전속고발권을 전면 철폐하는 것은 문제가 있는데, 모든 위반행위를 형사상으로 처벌하기에는 무리가 따르므로, 오히려 처벌을 주저하게 만들 가능성이 높기 때문이다.

아울러 수요 독점의 문제를 보다 적극적으로 다룰 필요가 있다.

현재의 하도급거래는 대등한 두 기업 사이의 거래가 아니라, 원청기업의 수요 독점력에 기초한 일방적인 거래이기 때문이다. 따라서 수요 독점의 문제를 엄격하게 다루어야 대기업과 중소기업 사이에 어느 정도 힘의 균형이 회복되며, 그 토대 위에서라면 대기업과 중소기업 사이의 자발적인 협력도 차차 기대해 볼 수 있을 것이다.

튼튼한 중소기업이 청년실업을 해결한다

이러한 노력에 기초하여 중소기업의 위상이 올라가고 임금과 노동조건을 비롯한 노동환경이 개선된다면, 이는 현재의 심각한 청년실업 문제를 해결하는 가장 유효한 수단이 될 것이다. 통계청에 따르면, 피고용인이 300인 이상인 대기업의 노동자 수는 2011년 7월 현재 약 195만 명으로, 2년 전에 비해 11만 명 이상 줄었다. 공식적 실업률은 3~4%대이지만, 구직 단념자와 취업준비자, 그리고 18시간 미만 취업자를 포함한 사실상의 실업률은 2003년 11.6%에서 2010년 15.7%로 크게 높아졌다(경향신문, 2011년 10월 4일자). 최근 한국개발연구원의 한 연구에 따르면 실업률을 측정하는 방법을 조금만 바꾸더라도 20대 실업률이 무려 4배 이상이나 높아지는 것으로 나타났다.

실업 문제를 해결하는 중요한 방법은 대기업의 과도한 지배를 억제하고 중소기업을 지원하여 중소기업 부문에 좋은 일자리를 많이 창출하는 것이다. 사실 우리나라의 중소기업은 대부분 영세하여 종업원 10인 미만 사업체의 비중이 81.7%에 이르는데, 이는 미국이나 일본, 독일의 45~60%에 비해 대단히 높은 수준이다. 그러므로 튼튼한 중소기업들을 발전시키기 위한 다양한 노력들이 필요하다. 그리고 이를 위해서는, 실제로 기술력 있는 많은 중소기업들이 경제의 중추를 담당하고 있는 독일이나 일본, 대만의 경우처럼, 보다 공정한 시장경쟁 질서를 확립하고 대기업과 중소기업 사이에 협조적인 기업관계를 구축해야 한다. 나아가 중소기업이 독자적인 연구개발 능력과 글로벌 마케팅 능력을 갖춘 종업원 300인 이상 1000명 이하의 중견기업으로 도약할 수 있는 환경을 만들어 줌으로써, 대기업 수준에 버금가는 양질의 일자리가 많이 창출되도록 해야 한다.

재벌의 경제 지배와 개혁 과제

우리나라 시장에는 대기업 문제보다 훨씬 더 심각한 구조적인 문제가 있으니, 바로 재벌 문제이다. 재벌이란 총수와 그 일가족이 계열사들 상호간의 주식 보유에 기초하여 여러 기업들을 동시에 지배하는, 한국 특유의 기업집단이다. 급속한 산업화 과정에서 박정희 정부의 엄청난 지원을 받으며 성장한 재벌은, 과감한 투자로 우리나라의 경제발전을 이끌었다. 그러나 재벌기업들이 우리나라 경제에 미친 공과는 오랫동안 논란의 대상이었다. 급속한 경제성장을 주도한 것은 사실이지만, 과도한 몸 불리기와 경제력 집중, 총수의 전횡에 기초한 독단적 경영, 그리고 비민주적이고 왜곡된 소유지배 구조 등은 분명 재벌기업들의 폐해이기 때문이다.

재벌이 지배하는 세상

재벌들은 또한 1990년대에 위험한 부채를 기초로 무리한 투자에 나서 우리나라 경제 전체를 위기에 빠뜨리기도 했는데, 이후 김대중 정부는 이러한 문제를 방지하기 위해 부채비율 축소와 경영투명성 제고를 골자로 하는 재벌개혁을 추진했다. 그리고 뒤이은 노무현 정부는 여기에 더하여, 금산분리와 재벌의 지주회사 전환을 독려했다. 그러나 민주정부 하에서도 재벌의 힘은 여전히 강력했으며, 재벌개혁은 때로는 용두사미가 되어 재벌에 대한 다양한 규제 완화 정책들이 도입되기도 했다. 그리하여 재벌의 기업지배구조는 여전히 불투명하고 소유주 일가의 경영책임은 불명확하며, 이들의 의사결정은 제대로 감시되지 못하고 있는 실정이다.

한편, 외환위기를 계기로 30대 재벌의 거의 절반가량이 쓰러졌지만 상위 재벌들의 덩치는 오히려 더욱 커졌다는 점 또한 심각한 문제라고 할 수 있다. 재벌의 경제력 집중은 이명박 정부가 집권한 이후 더욱 심해지고 있는데, 이는 정부의 친재벌 정책에 힘입은 결과이다. 이명박 정부는 재벌대기업에 대한 법인세를 인하하고 출자총액제한을 철폐했으며, 또한 상호출자제한과 채무보증제한의 규제를 받는 기업집단의 기준을 자산 2조 원 이상에서 5조 원 이상으로 상향 조정하여 규제 대상을 축소하기도 했다.

이러한 정책들에 힘입어, 이른바 4대 재벌인 삼성·현대차·LG·SK의 GDP 대비 매출액 비중은 2003년 39%, 2007년 40%에서 2008년 46%, 2010년 51%로 급격히 높아졌다. 또한 10대 그룹의 상장사 시가총액이 우리나라 전체 증시의 절반을 넘어섰는데, 그 중에서도 특히 삼성그룹의 규모가 압도적으로 커져, 시가총액 2위 그룹의 2배를 넘는 230조 원에 이르렀다. 그러니 이제 재벌공화국이 아니라 삼

성공화국이라는 말이 나올 법도 하다. 이와 함께 4대 재벌의 자산규모와 이익, 계열사 수도 급속히 늘어나 2007년과 2010년 사이에 평균 50% 증가했으며, 100대 기업이 전체 시장에서 차지하는 집중도도 이미 50%를 넘어 사상 최고 수준을 기록하고 있다.

이러한 대기업을 중심으로 하는 우리나라 산업의 독과점적 구조는 경제의 장기적인 안정성 측면에서도 매우 취약한 구조라고 할 수 있다. 지금 우리는 어느 기업도 한 세대를 넘기기 어려운 치열한 국제 경쟁의 시대에 살고있다. 끝없이 승승장구 할 것 같았던 그 유명한 일본의 소니나 토요타도 결국 쇠락의 길로 접어드는 상황이다. 그러니 삼성전자 등 소수 재벌기업이 경제 전체에서 지나치게 높은 비중을 차지하는 우리로서는 자칫 일부 대기업이 위기에 처한다면 국가 전체가 위기에 봉착할 수 있는 것이다. 따라서 이러한 구조를 개선하기 위해서는 건실한 중소기업과 중견기업이 수나 양적인 면에서 허리를 튼튼하게 받쳐주는 항아리형 산업구조를 만들어야 한다.

또한, 삼성을 필두로 하여, 과도하게 덩치가 커진 재벌기업들이 정계와 관계, 법조계, 학계, 언론계 등에 무소불위의 영향력을 끼치고 있음은 이미 잘 알려진 사실이다. 예컨대 삼성은, 김용철 변호사가 폭로했듯이, 각종 로비와 인맥관리를 통해 사회 곳곳에 막강한 영향력을 미치고 있으며, 이를 통해 법망을 피하여 불법과 편법을 동원한 증여와 상속을 일삼고 있다. 노무현 전 대통령은 '권력이 시장으로 넘어갔다'라고 말한 바 있지만, 사실은 권력이 재벌, 특히 삼성으로 넘어가고 있다고 해도 과언이 아니다. 이처럼 재벌의 경제력이 과도하게 커지고 그들의 힘이 정책에 강한 영향을 미치게 되면, 불공정한 거래와 기업들 사이의 양극화가 심화되고 나아가 낙수경제론에 대한 집착이 더욱 강해질 것이다. 그리고 그 결과 경제민주주의가 훼손될 뿐만 아니라, 경제적 효율성에도 악영향이 미치게 될 것이다.

외환위기 이후 주주자본주의가 강화되어 주주의 목소리가 높아지면서, 여타 이해관계자들의 이익이 배제되는 가운데 재벌의 탐욕스런 이윤추구가 더욱 심화되고 있다. 공장을 해외로 이전하고 투자자에게 높은 배당금을 주면서 수십 년 근속한 정규직 노동자들을 가차 없이 정리해고 하는 한진중공업의 행태는 이를 잘 보여준다. 따라서 노동자를 포함한 국민 전체의 경제에 도움이 되는 방향으로 재벌을 개혁하기 위해서는 보다 근본적이고 세심한 정책들이 도입되어야 할 것이다.

재벌개혁을 위한 현실적인 조치들

재벌을 해체하거나 재벌을 대체할 획기적인 대안을 내놓는 일은, 최소한 단기적으로는 실현 불가능할 것이다. 그렇다고 관치경제를 부활시켜 일일이 간섭한다는 것은 너무나 시대착오적인 발상이다. 그 대신 독일의 경우처럼 기업집단과 관련된 규정을 모두 통합한 기업집단법 내지 재벌책임법을 제정하여 기업집단의 실체를 인정하고 총무의 책임을 묻는 것은 중요한 첫걸음이 될 수 있다.

현재 재벌은 사실상 기업집단 단위로 경영되지만, 법률상으로는 개별 기업으로만 취급되기 때문에 많은 문제에서 책임 소재가 불분명하다. 재벌 총수의 지시에 따라 협상과 계약이 이루어지고 나아가 불법

행위가 저질러지더라도, 그에 따른 책임은 계열 기업에 돌아갈 뿐 총수
는 책임을 피해가고 마는 것이다. 이러한 현실에서는 시장 자율은커녕
법으로도 문제 해결이 어려워지며, 웬만한 제도를 도입해도 효과가 없
을 수밖에 없다.

경제개혁연대는 삼성과 현대를 비롯한 재벌기업들이 비상장 계
열사를 통해 저지르는 불법적 부당행위에 주목하여 2006년에 회사기
회유용금지 조항을 입법 청원했는데, 이 조항은 2011년 상법개정안에
포함되었다. 회사기회유용이란 총수 일가가 기존 계열사의 수익 기회
를 빼앗아 새로운 비상장 계열사를 설립한 다음, 여타 계열사들의 지원
을 받아 (이른바 '일감 몰아주기'로) 부당이득을 얻는 행위이다. 이러
한 행위를 금지하는 데에서 한걸음 더 나아가 재벌책임법을 제정하는
데에까지 이른다면, 재벌총수의 책임경영이 더욱 명확해질 것이다.

이 밖에도 재벌의 과도한 경제력 집중과 독점적 힘을 제한하기 위
한 몇몇 재벌개혁 조치들을 생각해볼 수 있는데, 최근 민주당 경제민주
화 특별위원회에서 이와 관련하여 좋은 제안들을 많이 내놓고 있다. 예
컨대 재벌 특혜에 대한 정보 공개는 올바른 재벌 정책을 마련하기 위
한 초석이 될 것이고, 재벌의 '떡값'을 금지하기 위해서는 포괄적 뇌물
죄 신설도 바람직할 것이며, 순환출자와 지주회사 체제가 총수의 지배
력 강화를 통해 재벌 문제를 악화시키는 것을 막기 위해서는 순환출자
를 금지하고 지주회사에 대한 규제도 강화해야 할 것이다. 집중투표제
의무화와 이중대표소송제 도입도 적극 검토해 볼만한 사안이고 부당
내부거래에 대한 규제를 강화해야 할 것이다. 구체적인 대안 하나하나

에 대해서는 앞으로 더 심도 있는 연구와 논의가 필요하겠지만, 이 모든 논의에서 중요한 것은 독과점을 해소하고 중소기업을 활성화하여 시장경제에 진정한 경쟁을 도입하는 일이다. '왜곡된 경쟁'으로 1등만이 지배하는 시장은 독점시장이지 경쟁시장이 아니기 때문이다.

재벌을 바라보는 합리적인 시각

재벌개혁 과정에서 유의해야 할 점은, 재벌과 대기업을 우리나라 경제의 중요한 원동력으로 인정할 필요도 있으며, 재벌체제에도 분명 긍정적인 면이 있을 수 있다는 것이다. 그러나 재벌과 대기업만이 우리나라 경제의 유일한 원동력은 아니며, 재벌과 대기업의 힘이 국민 경제를 위해 올바로 쓰일 수 있으려면 그 힘이 국민 경제의 더 큰 부분을 방해하지 못하도록 정부가 적절한 조치를 취해야 한다.

한편, 재벌이 우리에게 일자리를 만들어주니 그들을 존경해야 하고, 나아가 웬만한 잘못은 눈감아주어야 한다는 식의 이야기도 이제는 넘어서야 한다. 재벌이 노동자와 하도급 업체에 일거리를 주는 것은 자비심이나 애국심 때문이 아니라, 돈을 벌려면 일을 시키지 않을 수 없기 때문이다. 경제에 공헌한다고 재벌이 존경받아야 할 대상이라면, 일해주는 노동자와 하도급 업체, 그리고 물건을 사 주는 소비자도 마찬가지로 존경받을 자격이 있다. 생산은 국민이 다 함께 하는 것이지, 재벌 혼자 하는 것이 아니다. 국민 모두가 존경받을 자격이 있다.

그뿐 아니라, 재벌의 자발적인 사회적 책임을 너무 강조하는 것도 주의해야 한다. 이는 자칫 법과 제도를 정비하는 일은 소홀하면서 재벌의 도덕성에만 의존하는 비현실적인 태도로 이어질 수 있기 때문이다. 보다 중요한 것은 재벌이 이윤을 추구하는 과정에서도 공익에 봉사하도록 법과 제도를 엄밀하게 제정·보완하는 일이다. 오래전에 밀턴 프리드먼이 기업의 책임은 오로지 이윤을 내는 데에만 있다고 했던 것도 바로 그 때문이다. 기업은 자발적으로 공익에 봉사해야 할 책임이 없으며, 기업이 그런 책임을 느끼리라고 기대하는 것은 비현실적이라는 뜻이다. 기업이 공익에 봉사하느냐 마느냐는, 어디까지나 법과 제도를 만들고 집행하는 정부의 책임이다.

세금 대신 자발적인 기부와 자선으로 사회에 봉사하겠다는 기업의 태도 역시 문제가 있다. 기부와 자선은 어디까지나 공익을 담당하는 정부에 성실히 납세한 이후의 일이다. 노동자는 열심히 일하는 것이 애국이고, 기업은 효율적인 경영으로 이윤을 실현하고 노동자에게 적절한 몫을 보상하고 정부에 성실히 납세하는 것이 애국이다. 자식에게 수조 원의 재산을 물려주면서 온갖 불법과 편법을 동원하여 겨우 몇 십억 원 정도의 세금을 납부하는 재벌 총수들은 결코 존경받을 자격이 없다.

공공부문의 역할과 의의

공공재를 공급하는 것은 공공부문의 중요한 기능 가운데 하나이다. 그런데 신자유주의는 공공부문의 비효율성을 지적하면서, 많은 부분을 민간부문으로 이양해야 한다고 한다. 그로써 정부 재정이 절약되고 효율성이 높아진다는 것이다. 과연 그럴까?

공공부문 민영화의 실상

예컨대 우리나라 주요 교통망에 2조 원가량을 투자하고 있는 맥쿼리의 경우를 보면, 정부가 건설비용의 20%를 부담할 뿐만 아니라 정부 보증으로 산업은행 등이 대출을 알선해주기 때문에, 민간 사업자는 전체 비용의 20% 정도만 투자하면 된다. 그리고 공사가 완료되고 나면, 20~30년 동안 운영권을 보장받으면서 투자비용을 회수하게 된다(시사인, 2010년 10월 2일자). 그런데 그것도 모자라, 만약 예상보다 통행량이 적을 경우에는 정부가 최소수입보장에 따라 통행료 운영수입의 70~90%까지 지원해준다. 말하자면 통행료를 비싸게 책정하여 통행량이 적더라도 수입은 보장되고, 관리비는 적게 드는 셈이다. 그러니까 결국 맥쿼리는 위험부담 없이 엄청난 수익을 올리는 반면, 국민들은 그 수익만큼의 비싼 통행료와 세금을 수십 년 동안 부담해야 하는 것이다.

　어떤 측면에서 보더라도, 이런 식의 민영화는 결코 재정을 절약하는 방법이 아니며, 효율성을 제고하는 방법도 아니다. 그저 국민의 세금으로 민간 사업자의 배를 불리는 것에 지나지 않는다. 요즘 흔히 볼 수 있는 대학의 민자 기숙사 건설도 마찬가지이다. 대학의 입장에서야 당장 건축비가 들지 않아 좋겠지만, 그로 인해 학생들은 두고두고 비싼 기숙사비의 부담을 떠안게 된다. 또한 3년 연속 세계 최우수 공항으로 꼽히며 막대한 순이익을 올리고 있는 인천공항을 민영화의 대상으로 거론하는 이명박 정부를 보면, 공공부문의 비효율을 없애기 위해 민영화가 필요하다는 말은 전혀 신빙성이 없다.

　수도와 전기 같은 자연독점 산업에서 효율성을 높이려면, 한계비용에 맞추어 가격을 설정해야 한다. 그런데 경제학원론에 나와 있듯이, 자연독점인 경우에는 규모가 커질수록 평균비용이 하락하며, 평균비용이 하락하면 한계비용은 평균비용보다 낮아진다. 따라서 효율성을 높이려는 의도로 한계비용에 맞추어 설정한 가격은 평균비용에 못 미치게 되고, 기업은 적자를 볼 수밖에 없다. 그러나 이러한 적자는 효율성을 얻기 위해 치러야 할 불가피한 대가이므로 자연독점 산업은 효율성 제고를 위해 공공부문으로 운영하는 것이 바람직한 경우가 많은 것이다. 민간기업은 절대로 적자 운영을 하지 않을 테니 말이다.

　그럼에도 이를 두고 공기업의 비효율적이고 방만한 경영 운운하는 것은, 결국 여론을 호도하여 민영화로 끌고 가려는 속셈이기 쉽다. 그리하여 만약 예컨대 수도산업이 '물산업'으로 민영화되어 민간기업의 돈벌이 수단이 된다면, 기업은 독점 이윤으로 쉽게 돈을 벌지만 국민 경제 전체적으로는 막심한 손해를 입는다. 요컨대 높은 이윤이 곧 높은 효율을 의미하지는 않으며, 독점 이윤은 경제적 효율을 떨어뜨리게 되는 것이다.

따라서 이러한 공공부문의 민영화와 규제 완화는 매우 주의해야 한다. 실제로 전기·수도·가스·철도처럼 규모의 경제 때문에 자연독점 성격을 갖는 산업은 공기업에 맡겨져 운영되는 경우가 많았으며, 그렇지 않고 민간기업이 운영하는 경우에는 강력하고 광범위한 규제가 가해졌다. 그러다가 이러한 산업에 대해 급진적인 규제 완화 및 민영화 조치가 이루어지면서 국가의 공익이 아니라 민간기업의 사적 이윤이 추구되었고, 그로써 전 세계적으로 실패의 사례들이 속출했다.

영국은 1980년대 이후 전력과 가스, 수도, 그리고 철도까지 민영화했는데, 이후 서비스 품질이 악화되는 경우가 많았고, 철도산업의 경우에는 문제가 심각하여 다시 국유화의 길을 걷기도 했다. 미국은 특히 캘리포니아 주를 필두로, 전력산업에서 발전·송전·배전을 분할하고 경쟁을 도입하는 급진적인 구조조정을 실시했지만, 정전 등의 전력수급 불안 문제가 심각해졌다. 우리나라의 경우에도 민영화와 규제 완화를 통한 전력산업과 가스산업의 급진적인 구조조정안이 추진되었다가, 여러 비판과 반대에 직면하여 포기된 바 있다.

경제학의 여러 연구들을 보더라도, 정부의 소유권을 민간에 이전하는 민영화 그 자체가 기업의 효율성을 상승시킨다는 근거는 없으며, 민영화를 통한 효율성 상승을 꾀하려면 실질적인 경쟁의 확대와 정부의 적절한 규제 역할이 필요하다고 역설한다. 사실 전 세계의 민영화 사례들을 보면, 많은 정부들이 국민의 이해보다는 민간기업의 이해를 우선적으로 고려했으며, 때로는 부정과 부패가 명시적으로 드러나기도 했다.

물론 자원의 낭비나 낮은 생산성 같은 공기업의 비효율성이 없는 것은 아니며, 이는 때때로 민간기업에 비해 더욱 심각할 수도 있다. 그러나 이러한 문제는 흔히 민영화를 지지하는 사람들의 주장대로 공기업의 주인이 없다는 데에 있지 않으며, 낙하산 인사를 비롯한 정부의 과도한 간섭과 입김 때문인 경우가 많다. 따라서 공공부문의 개혁을 위해 가장 중요한 것은, 정부의 공적 소유와 적절한 규제 역할을 유지하는 동시에 자율적이고 책임 있는 경영이 이루어질 수 있는 제도적 기반을 확립하는 일이다.

공공부문의 진정한 효율성

보다 근본적으로 공공부문은 본래 이윤만을 추구하는 곳이 아니라 사회·경제 전체에 기여하고 국민에게 봉사하는 곳이다. 공공부문에서도 비용 절감이 중요할 때가 있기는 하지만, 민간기업의 잣대를 들이대면서 민영화를 재촉한다거나 또는 비용을 줄이겠다면서 정부 서비스를 줄이는 움직임은 어딘가 수상쩍은 면이 있다고 보아야 한다.

예컨대 경찰공무원 수를 줄이면 당장 비용은 절감되겠지만 대국민 서비스의 질은 그만큼 낮아지며, 국민은 그만큼 위험에 노출되게 된다. 대국민 서비스가 형편없으니 그런 정부 서비스는 차라리 없애라거나 민영화 해버리라고 하는 것은 이를 통해 돈을 벌게 될 민간기업을 돕는 길일 수 있다. 예컨대 경찰이 줄면 사설 보안업체는 이윤을 올리게 되는데, 국민 전체로서는 부담하는 비용이 더 높아지기 쉽다. 요점은 정부 서비스를 제대로 하도록 만드는 것이지, 함부로 민영화 하는 것이 아니다. 의료, 간병, 의료보험, 교육, 보육 등 많은 부분이 이와 비슷하다. 이러한 서비스를 시장에서 제공하며 돈을 버는 쪽이 있지만 국민 전체로서는 더 높은 비용을 치르게 될 수도 있다. 차라리 공공부문을 통해 정부 서비스를 제대로 받는 것이 나은 경우도 많다.

어떤 것이 시장에서 거래되고 어떤 것이 무료나 싼값으로, 즉 탈상품화되어 당연한 권리의 일부로 제공되는지는 각국의 처지에 따라 많이 다르다. 의무교육은 거의 모든 나라에서 무료지만 일부는 유료로도 제공되며, 의료는 유럽의 경우 대부분 무료지만 미국의 경우에는 주로 시장에서 거래된다. 하다못해 우리나라에서는 거리의 화장실이 거의 무료지만, 어떤 나라에 가면 일일이 돈을 내야 한다. 한 나라 안에서도 어떤 도로는 무료이고 어떤 도로는 유료이다. 무료는 언제나 비효율적이고 유료는 더욱 효율적이라는 이분법은 터무니없는 생각이며, 때로는 무료가 더 효율적일 때도 있다. 나아가 때로는 다소 비효율적이더라도 당연한 권리라는 관점에서 무료로 제공되는 것도 있다. 즉 시장과 민간기업이 정부와 공기업에 비해 항상 더 효율적이라는 잘못된 생각을 극복하고, 공공부문의 진정한 의의와 역할에 대한 올바른 이해가 필요할 것이다.

공공부문의 고용 들여다보기

공공부문과 관련하여 고용 문제를 생각해 보는 것도 중요하다. 이미 우리나라에서는 경기 흐름과 상관없이 만성적인 일자리 부족 현상이 나타나고 있다. 즉 경제가 성장하더라도 고용은 늘지 않는 것이다. 대기업들은 고성장을 기록하면서도 오히려 고용을 줄이는 상황이고, 우리나라 전체 고용의 80% 이상을 차지하는 중소기업들은 점점 더 처지가 어려워지고 있기 때문이다.

우리나라의 공공부문은 일손이 부족하다

이러한 문제는 이명박 정부가 낙수경제론에 따라 대기업에 혜택을 몰아준 지난 3년 동안 점점 더 악화되어 왔다. 노동시장에 들어서지도 못하거나 들어서면서부터 줄곧 비정규직으로 일하는 사람들이 늘었고, 그렇게 몇 년간 고용 불안에 시달리며 아무리 애써 봐도 생산성 향상이나 더 나은 일자리를 기대할 수 있는 가능성은 점점 더 줄어들 뿐이다. 그렇다 보니 소수의 좋은 일자리를 차지하기 위한 '스펙 쌓기' 경쟁은 일찍부터 더욱 치열해지지만, 그마저도 대부분 헛수고로 돌아가기 일쑤다. 요컨대 현재의 만성적인 일자리 부족 현상은 더 이상 시장의 기능을 통해 해결될 수 없는 상황에 놓여 있는 것이다.

따라서 이제 안정적인 좋은 일자리를 창출하기 위해서는 공공부문이 과감하게 나서는 것을 고려해야 한다. 그런데 사실, 현재 상황에서 공무원 수를 늘리자는 데 찬성하는 사람들은 그리 많지 않을 것이다. 우리나라 사람들은 열심히 일하지 않고 빈둥거리는 공무원들을 연상하면서, 공공부문이 방만하다고 지레 짐작하는 경우가 많다. 이는 물론 공무원들의 서비스 태도가 태만하거나 불친절한 탓이기도 하지만, 조금 더 들여다보면 그것은 오히려 인원 부족이나 인원 배분의 잘못에서 비롯되는 결과적인 측면일 가능성이 더 높다고 할 수 있다.

실제로 〈그림2〉에서 보듯이, 우리나라는 전체 노동인구에서 차지하는 공공부문(정부 및 공기업) 고용의 비중이 OECD 국가들 가운데 가장 낮은 편에 속한다. 스웨덴 같은 사회민주주의 체제에서야 당연히 우리나라에 비해 탈상품화 정도가 대단히 높겠지만, 작은 정부를 추구한다는 미국조차도 공공부문 인력은 우리의 두 배가 넘는다. 다만 일본의 공공부문은 유난히 작은데, 이 또한 일본에서는 공공부문보다 평생직장에서 많은 사회서비스가 제공되기 때문이 아닐까 짐작된다.

그러나 곰곰이 생각해 보면, 우리나라 공공부문의 인원이 왜 적은지를 이해할 만도 하다. 예컨대 우리나라에서는 정권이 바뀔 때마다 비용 절감을 위한 공공부문의 개혁이라는 이름으로 공무원 수를 줄이곤 했다. 더구나 그 주요 대상은 인원이 많고 상대적으로 만만해 보이

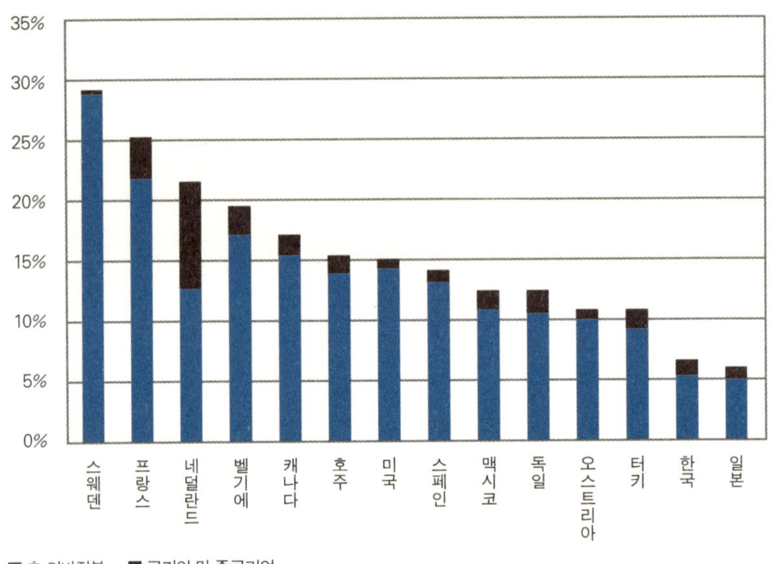

출처: CEPD survey: Labour force survey (OECD)

는 말단 부서였다. 국민에게 직접적인 서비스를 제공하는 인원이 줄어든 것이다. 그렇다 보니 인력 부족으로 인해 국민은 제대로 된 서비스를 받지 못하고, 공무원은 만성적인 과로에 시달리는 상황이다.

실제로 신문기사들을 보면 만성적인 과로로 인해 순직한 공무원들의 소식을 꽤 자주 접하게 된다. 경찰, 소방공무원, 우체국 집배원, 사회복지 공무원, 철도 노동자, 그리고 최근에는 방역 공무원에 이르기까지, 인력 부족으로 인해 과로사가 속출하는 곳이 적지 않다. 예컨대 서울경찰청 국정감사 자료에 따르면, 2003년부터 2008년 8월 말까지 과로로 순직한 경찰관은 무려 76명이었다. 사정이 이러하니 실제로는 인원이 부족한 곳이 적지 않을 것이다. 이런 부문에 일자리를 만들면 케인즈의 고전적인 처방대로 경제 전체의 구매력이 높아져 내수가 진작되고, 이로써 민간부문에서도 다른 일자리가 생겨날 수 있을 것이다.

이와 더불어 전문적인 인력도 부족한 곳이 적지 않다. 국립과학수사연구소나 식품의약품안전청, 또는 외교부 재외공관의 경우에도, 사건이 터질 때마다 나오는 뒷이야기는 늘 인원 부족이다. 그리고 특히 단순한 업무처리를 넘어 국민생활의 질을 향상시킬 수 있는 일자리의 부족도 살펴볼 필요가 있다. 예컨대 시장의 질서와 안전성을 감독하거나 보다 양질의 대국민서비스를 연구·개발하는 일은, 눈에 보이는 생산이나 개별 사안의 처리보다 더욱 중요할 수 있다. 따라서 이러한 부문에 인원을 대폭 보강한다면, 단순히 일자리 수를 늘리는 것 이상으로 경제에 큰 도움이 될 수 있을 것이다. 그러나 물론 인원만 늘린다고 문제가 다 해결되는 것은 아니다. 감독기관 및 집행기관이 투명하고 전문적이고 독립적으로 운영되어야 하는데, 이 또한 부족한 인원으로는 이루기 힘든 일이다.

공공부문이 활성화되어야 국민이 편하다

공공부문의 인원을 늘린다고 해서 정부가 꼭 공무원의 형태로 직접 고용해야 하는 것은 아니다. 이미 도입된 '노인 돌보미' 서비스처럼, 정부가 이용권(바우처)을 통해 사회복지서비스 부문에서 일자리를 만들어낼 수도 있다. 이 경우에 특히 정부가 사회적 기업의 설립을 적극적으로 도와준다면, 그 일자리에 종사하는 사람들이 비정규직으로 머무르지 않고 사회적 기업의 정규직 근로자로서 파견 근무를 할 수 있다. 그리고 이렇게 되면, 기존에 시장에서 일하던 사람들도 고용 불안을 덜고 안정적인 일자리를 가질 수 있다. 아울러 소비자들도 이제껏 시장에서 비싼 값으로 사야 했던 많은 서비스를 공공부문에서 싼값으로 사거나 무상으로 누릴 수 있게 됨으로써, 시장으로부터 어느 정도 자유로워질 수 있다. 이처럼 노동이 시장으로부터 자유로워지는 이른바 탈상품화가 기본적인 수준에서 어느정도 이루어지지 않는다면, 몸이 아파도 싼 임금에 위험을 감수하면서까지 일에 나설 수밖에 없는 고달프고 불행한 사회가 될 것이다. 우리가 분수경제를 통해 이루고자 하는 것은 인간으로서 최소한의 존엄성을 지키며 일하는 문명사회이다.

공공부문이 활성화되면 가장 큰 이득을 보는 쪽은 서민과 중산층이다. 이에 비해 부유층은 대개 공공서비스를 그다지 원하지 않는다. 그들은 공공서비스를 질 낮은 싸구려로 여기며, 시장에서 더 나은 서비스를 사고 싶어 한다. 값싸게 갈 수 있는 공립학교를 마다한 채 비싼 사립학교에 자녀를 보내기도 하고, 의료보험 당연지정제의 적용을 받지 않는 병원이 없다는 데에 화를 내기도 한다. 그렇기 때문에 그들은 공공서비스에 국민 세금이 쓰이는 것을 좋아하지 않는다. 특히나 그 세금을 부유층이 주로 낸다고 생각할 때 그렇다. 이렇게 볼 때, 공공부문은 분수경제론의 또 다른 중요한 측면이 된다. '작은 정부'는 낙수경제론이 좋아하는 구호이다. 이제 국민에게 제대로 봉사하는 능력 있고 효과적인 정부로 바꾸어야 한다. 그래야 국민이 편해진다.

재정 적자와 국가채무의 진실

속설에 따르면, 작은 정부를 강조하는 보수 정부는 알뜰해서 정부 재정을 건전하게 유지하지만 진보 정부는 헤퍼서 재정 적자를 남발한다고 한다. 그러나 적어도 우리나라와 미국을 볼 때 이는 사실과 다르다. 신자유주의는 말로만 작은 정부를 내세우며 방만한 정부 재정을 줄여야 한다고 주장할 뿐, 실제로는 정부 재정의 적자를 악화시키는 주범이다.

누가 재정 건전성을 악화시켰는가?

우리나라의 정부 재정은 전통적으로 균형에 가깝게 운용되어 오다가, IMF 경제위기를 계기로 적자 폭이 늘어났다. 재정 건전성을 평가하는 지표로는 통합재정수지보다 관리대상 통합재정수지가 적합하다. 통합재정수지는 당해 연도 정부의 총수입에서 총지출을 차감한 수지인데, 여기에서 두 가지를 제외할 필요가 있다. 사회보장성기금의 흑자는 장래의 연금 지급에 대비하여 현재 장기적으로 적립하는 단계에 있는 부분이고, 2003년부터 시작된 공적자금 상환은 금융구조조정을 위해

투입되었던 자금을 국채로 전환하여 지원하는 부분으로, 둘 다 정부의 재정정책 방향과는 무관하다. 따라서 재정건전성은 통합재정수지에서 이 둘을 제외한 관리대상 통합재정수지로 살펴야 하는 것이다.

우리나라의 관리대상 통합재정수지 통계를 보면, 그 적자 폭이 김대중 정부에서는 -2.1%, 노무현 정부에서는 -0.4%인 데에 비해, 이명박 정부에서는 -2.3%에 달한다. 김대중 정부 초기의 적자는 두말할 필요 없이 IMF 경제위기에 대한 대응 때문이었다. 그리고 노무현 정부는 매우 건전하게 재정을 운용했는데, 이에 비해 이명박 정부는 실제로 그 5배가 넘는 재정적자를 보여주고 있는 것이다. 그 주된 원인은 다름 아닌 부자감세와 4대강 사업이다.

표3. GDP 대비 재정수지

각 정부별 관리대상 통합재정수지의 대GDP 비율

김대중 정부		노무현 정부		이명박정부	
연도	비율(%)	연도	비율(%)	연도	비율(%)
1998	-5.0	2003	0.1	2008	-1.5
1999	-3.7	2004	-0.5	2009	-4.1
2000	-1.0	2005	-0.9	2010	-2.7
2001	-1.3	2006	-1.2	2011	-2.0
2002	0.7	2007	0.4	2012	-1.1
평균	-2.1	평균	-0.4	평균	-2.3

2009년까지는 결산, 2010년은 예산, 2011년 이후는 국가재정운용계획의 전망치

참고로, 2009년의 재정적자는 경제위기 극복의 차원에서 어느 정도 이해될 수 있다. 그러나 2008년도 재정은 본래 노무현 정부에서 균형예산으로 계획되었는데, 2008년 하반기에 시작된 경제위기와 관계없이, 이명박 정부 초반인 2008년 상반기에 무리한 감세와 추경편성으로 인해 적자를 기록한 것이었다. 2010년과 그 이후의 예산 역시 경제위기보다는 낭비적인 예산지출과 관련이 크다. 또한 중앙정부의 감세는 지방정부 재정까지 악화시켰는데, 2008년에 종합부동산세가 무력화되어 종합부동산세를 주요 재원으로 한 교부금이 크게 줄어들면서, 지방재정의 불균형이 크게 악화된 것이다.

국가채무도 사정은 비슷하다. 〈표4〉와 〈그림3〉에서 보듯이, 노무현 정부에서 국가채무가 크게 늘어난 것은 사실이다. 노무현 정부에서는 국가채무의 대GDP 비율이 18.6%에서 30.7%로 12.1%p 늘었고, 이명박 정부에서는 30.7%에서 36.9%로 6.2%p 늘었다. 그러나 노무현 정부에서 국가채무가 늘어난 것은 어디까지나 IMF 경제위기에서 비롯된 공적자금을 국채로 전환한 부분과 환율 방어를 위한 외평기금채권 때문이었다. 방만한 재정운용과 관계없는 이 두 가지 부분을 제외하면, 노무현 정부의 국가채무는 15.7%에서 16.1%로 겨우 0.4%p 늘었을 뿐이며, 이에 반해 이명박 정부에서는 16.1%에서 21.2%로 무려 5.1%p나 늘어났다. 그런데도 이를 두고 "분배 지향적이고 좌파적인 정권이 복지와 지방균형발전 등을 위해 재정지출을 방만하게 늘린 결과, 재정 건전성이 악화되고 국가채무만 급증시킨 정권"이라는 식으로 노무현 정부를 매도한다면, 이는 적반하장일 따름이다.

표4. 국가채무와 그 구성

	2002말	2007말	2010말
금액(조원)			
국가채무	133.8	299.2	407.2
공적자금 및 외평채	20.7	142.4	172.8
공적자금 및 외평채 제외	113.1	156.8	234.4
경상 GDP	720.5	975.0	1103.1
대 GDP 비율(%)			
국가채무	18.6	30.7	36.9
(증가폭, %p)		(12.1)	(6.2)
공적자금 및 외평채	2.9	14.6	15.7
공적자금 및 외평채 제외	15.7	16.1	21.2
(증가폭, %p)		(0.4)	(5.1)

그림3. 국가채무의 대GDP 비율

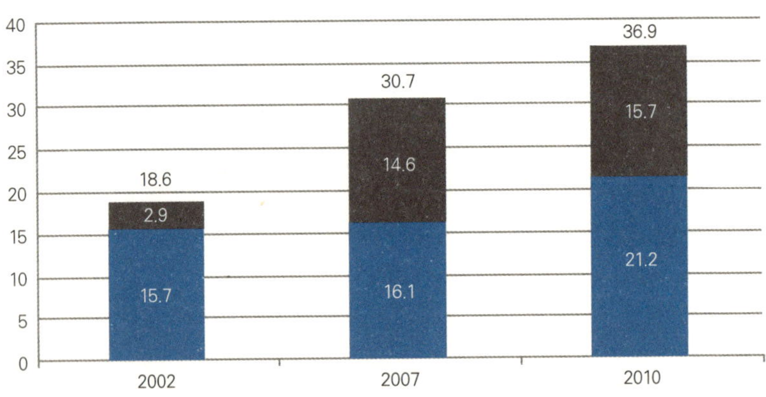

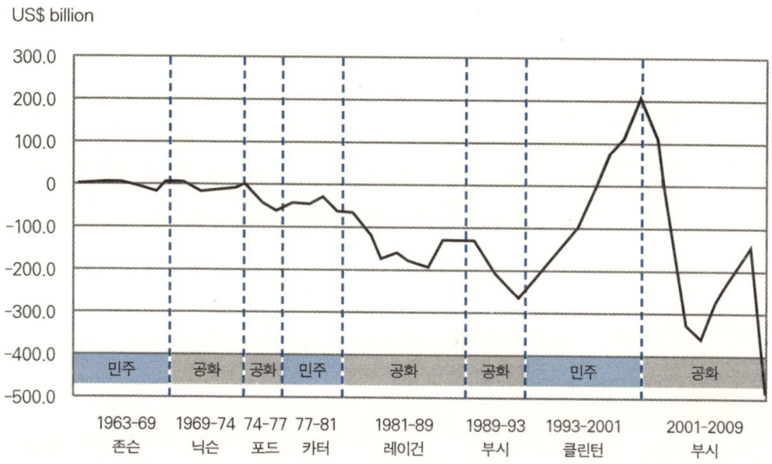

출처: Congressional Budget Office

세율을 낮추면 재정 적자가 늘어날 수밖에 없다

미국도 사정은 마찬가지이다. 〈그림4〉에서 보듯이, 미국에서 재정적자를 크게 늘린 정부는 작은 정부를 주장하던 레이건과 아버지 부시의 공화당 정부였다. 그러다가 클린턴의 민주당 정부가 가까스로 재정을 흑자로 돌려놓았는데, 이때는 감세를 하지 않고 경제가 활성화되어 세금수입이 크게 늘어났기 때문이다. 그러나 아들 부시의 공화당 정부는 이라크 전쟁과 감세정책으로 다시금 재정적자를 크게 늘렸다. 최근 오바마의 민주당 정부에서 재정적자가 크게 늘기는 했지만, 이는 금융위기의 뒤치다꺼리 때문이지 통상적인 정부지출의 증가 때문으로 볼 수는 없다.

미국이든 한국이든, 적극적으로 세금을 낮춰주는 보수 정부에서 재정적자가 더 커지는 것은 우연이 아니라 필연이다. 보수파는 낙수경제론의 이론적 근거로, 세율을 낮추면 경제가 활성화되어 조세수입이 오히려 늘어난다는 이른바 "래퍼곡선" 효과를 내세우면서, 감세를 해도 재정적자는 나타나지 않는다고 강변한다. 그래서 예컨대 공화당 매케인 후보의 경제참모를 지내기도 했던 보수적 경제학자 더글라스 홀츠이킨은 부시 정부의 국회예산처장으로 재임하던 2005년에 래퍼곡선 효과를 실증해 내겠다고 앞장서 연구를 독려했는데, 끝내 실증에 실패하고 말았다. 한마디로 래퍼곡선은 엉터리이며, 감세를 하면 재정적자가 늘어나게 되어있는 것이다.

김영삼 정부와 레이건 정부, 그리고 부시 부자의 정부는 경제위기나 엄청난 재정적자를 남기고 떠났다는 공통점을 지니며, 이명박 정부 역시 지금 그와 비슷한 길을 가고 있는 중이다. 재정지출의 측면에서 차이가 있다면, 군산복합체가 힘을 쓰는 미국에서는 주로 전쟁—레이건의 우주전쟁, 아버지 부시의 걸프 전쟁, 아들 부시의 이라크·아프가니스탄 전쟁—에 돈을 쏟아 부었고, 토건족이 힘을 쓰는 우리나라에서는 4대강을 비롯한 각종 건설사업에 돈을 쏟아 붓는다는 점이다. 그러면서 양쪽 다 엉뚱하게도 '방만한 복지'가 재정적자를 부추길 것이라고 걱정한다. 또한 김영삼 정부는 미국 공화당 정부들과 마찬가지로 섣부른 금융 자유화를 추진하여, 끝내는 금융위기와 그에 따른 막대한 공적자금 투입을 불가피하게 만들었다.

반면 김대중·노무현 정부와 클린턴 정부, 그리고 오바마 정부는,

한결같이 보수 정부가 남기고 간 경제위기와 재정적자의 뒤치다꺼리를 하면서 재정건전성 회복에 열중하다가 정작 진보적인 정책은 제대로 펴보지 못했다는 공통점을 지닌다. 그리하여 신자유주의의 확대를 억제하지 못했고, 결국 중산층이 얇아지고 경제적 불평등이 심화되는 결과를 빚었다. 최근 경제위기를 겪고 있는 그리스에서는 더 황당한 일이 벌어지기도 했다. 그리스 보수 정부는 2009년도 재정적자가 GDP의 6.7%라고 발표해 왔는데, 보수 정부에서 사회당 정부로 정권이 교체된 이후에 살펴보니 실제로는 그 두 배에 가까운 12.7%로 나타나, 금융시장이 하루아침에 일대 혼란에 빠졌던 것이다. 이는 결국 2004년 이후 그리스 보수 정부가 시행해 온 대규모 감세를 거짓 통계로 눈속임한 결과였으며, 현재 후임 사회당 정부는 그 뒤치다꺼리에 여념이 없다.

재정 적자를 부추기지 않고도 복지는 가능하다

앞으로 우리나라에 진보 정부가 들어선다면, 이명박 정부가 한껏 키워 놓은 국가채무를 떠안은 채 엉뚱하게 복지 포퓰리즘이 재정을 악화시킬 것이라는 보수파의 비판에 또다시 직면하게 될 것이다. 아니, 그러한 비판은 이미 시작되었다. 우리나라 보수 언론은 복지가 재정에 부담을 줄 것이라고 경고하면서도, 정작 중요한 부분인 감세와 토건사업, 그리고 금융 자유화의 위험이 악화시킨 재정적자에 대해서는 입을 닫고 있다. 이러한 잘못된 비판을 뛰어넘어 국민을 설득해야 한다. 이미 지난 8월 민주당 보편적 복지 기획단에서 발표했던 보편적 복지 재원 조달 방안이 잘 보여주었듯이, 재정지출 구조와 복지 전달체계와 세제를 개혁하는 것만으로도 재정적자 증가 없이 상당한 복지 재원을 마련할 수 있다. 외국에서는 우리가 참고할 만한 대표적인 예로 독일을 들 수 있다. 독일은 조세부담률이 2007년 22.9%로서 우리나라의 21.0%보다 조금 높은 정도에 불과하지만, 우리나라보다 훨씬 훌륭한 사회복지 체제를 갖추고 있다. 중요한 것은 정부의 철학과 의지이며 이 점에 대해서는 아래에서 다시 논의할 것이다.

참고로 우리나라의 국가채무 수준은 다른 선진국들에 비해 여전히 낮은 편이다. IMF에 따르면, 2009년 현재 정부부채가 GDP에서 차지하는 비중은 일본 217%, 이탈리아 약 110%, 미국 81%, 프랑스 73%, 영국 61%, 스페인 49%인데, 이에 비해 우리나라는 약 33% 정도에 불과하다. 물론 최근의 증가속도가 매우 빠른 것은 우려스럽지만, 이는 역시 현 정부의 잘못된 재정정책 때문이다.

3장

분수경제론에 따른 부문별 개혁 과제들

재정: 토건사업 지출에서 사회보호 지출로

OECD 국가들과 비교할 때, 우리나라의 정부지출은 오래전부터 다음과 같은 특징을 지닌 것으로 지적되어 왔다. 첫째, 대GDP 비율로 본 정부지출 규모가 OECD 국가들 가운데 최저 수준이다. 둘째, 특히 사회보호 부문이 형편없이 낮다. 셋째, 그에 비해 토건사업을 비롯한 경제사업 부문이 매우 높다.

엉뚱한 곳으로 낭비되는 정부지출

〈표5〉에서 보듯 2006년에 우리나라 정부 지출의 대 GDP 비율은 30.2%로서, OECD 평균인 43.5%에 크게 못 미칠 뿐만 아니라 OECD 내에서 최저 수준을 기록했는데, 2011년도 자료에 따르면, OECD 국가들의 평균 정부지출 규모는 GDP의 45.6%로 증가한 반면, 우리나라는 감세로 인해 오히려 28%로 감소함으로써 그 격차가 더욱 커졌다. 또한 2006년도 기준으로 부문별 지출 비중을 보면, 우리나라의 경제사업 부문 지출은 21.3%로 OECD 최고 수준인 반면, 사회보호 부문 지출은

표5. 정부지출 내역의 국제비교(2006)

국가	대 GDP 비율			대 정부지출 비율	
	전체	경제사업	사회보호	경제사업	사회보호
스웨덴	54.3	4.8	22.7	8.8	41.8
프랑스	52.7	2.9	22.3	5.5	42.3
헝가리	51.8	6.3	17.7	12.1	34.1
덴마크	51.2	3.5	21.8	6.8	42.6
이탈리아	49.9	5.9	18.2	11.7	36.4
오스트리아	49.3	4.6	20.6	9.4	41.7
핀란드	48.9	4.5	20.4	9.3	41.8
벨기에	48.3	5.0	17.2	10.3	35.7
포르투갈	46.3	3.8	16.0	8.3	34.5
네덜란드	45.6	4.7	16.4	10.3	35.9
독일	45.4	3.3	21.2	7.2	46.7
영국	44.3	2.8	15.9	6.3	35.8
체코	43.8	7.0	12.7	15.9	29.0
폴란드	43.8	4.4	16.9	10.0	38.5
OECD 26개국 평균	43.5	4.5	15.2	10.6	34.2
그리스	42.4	4.5	18.0	10.5	42.4
아이슬란드	41.7	5.9	8.1	14.2	19.4
노르웨이	41.7	3.7	16.2	8.9	38.9
뉴질랜드	39.9	4.2	10.3	10.5	25.8
캐나다	39.2	3.4	9.2	8.6	23.3
룩셈부르크	38.6	4.5	16.4	11.7	42.5
스페인	38.5	5.0	12.8	13.0	33.3
슬로바키아	37.7	4.2	12.4	11.0	32.9
미국	36.7	3.7	7.0	10.1	19.0
일본	36.1	3.6	12.2	9.9	33.9
아일랜드	33.7	4.5	9.6	13.3	28.4
한국	30.2	6.4	3.7	21.3	12.4

자료: OECD, Government at a glance, 2009

최저 수준인 12.4%에 불과하다. 사정이 이러하니 예컨대 경제사업 부문의 지출을 OECD 평균인 10.6%까지만 줄일 수 있다면, 굳이 전체 정부지출을 늘리지 않더라도 사회보호 부문 지출을 거의 두 배에 가까운 23.1%까지 끌어올릴 수 있다는 계산이 나오는 것이다.

이명박 정부 들어 우리나라에서는 4대강 사업과 한강르네상스 사업 같은 대규모 토건사업들이 여럿 추진되었다. 4대강 사업은 3년 동안 총 22조 원 이상의 예산이 소요되는 단군 이래 최대의 국책 건설 사업이며, 오세훈 전 서울시장이 주도한 한강르네상스 사업에도 2006년 이후 총 7000억 원 이상의 세금이 지출되었다. 이러한 토건사업은 환경적인 악영향뿐만 아니라 그 효과조차 의문시되는데, 아울러 그 집행과정에서도 심각한 낭비가 지적되어 왔다.

실제로 국회 예산정책처가 밝힌 4대강 사업 계약현황 자료에 따르면 4대강 공사 수주액의 60%를 상위 10대 건설사들이 독식했으며, 그 과정에서 국토해양부가 현행 규정과 달리 설계와 시공을 함께 발주하는 턴키방식을 채택함으로써 1조 원 이상의 예산이 낭비되었을 가능성이 높다. 설계와 시공을 분리하는 방식에서는 보통 낙찰률이 66% 정도인 데에 반해, 턴키방식으로 발주가 이루어진 4대강 사업에서는 낙찰률이 90%를 넘었으며, 그 혜택은 주로 대기업 건설사들에게 돌아갔다. 예산정책처는 정부의 턴키방식 발주에 대한 근거가 부족했다면서, 이 방식을 고집하지 않았다면 약 1조2천억 원에 달하는 예산을 절감할 수 있었다고 지적했다.(한겨레신문, 2010년 9월 1일자) 또한 낙동강 3공구에서 진행된 준설작업(부산일보, 2011년 4월 21일자), 로봇물고기

계획을 포함한 IT사업, 강우레이더 설치 계획, 그리고 낙동강과 영산강 등에 추진되는 수상비행장 사업을 비롯한 많은 관련 사업들이 예산 낭비에 대한 우려와 비판을 낳고 있다. 한편 감사원은 올해 6월 보고서를 통해, 한강르네상스 사업으로 인해 낭비된 지출이 400억 원을 넘는다고 보고했다.(조선일보, 2011년 6월 20일자) 이에 따르면 서울시는 마곡지구 개발, 플로팅아일랜드(현 '세빛둥둥섬'), 서울항, 수상버스 등을 추진하면서 경제성을 부풀리고 예산을 허비했으며, 민간 사업자에게 특혜를 남발하여 시 재정에 커다란 손해를 끼쳤다.

부자 감세와 서민예산 축소

보수 정부는 또한 부자와 대기업에 대한 감세 정책을 도입하여 재정을 더욱 취약하게 만들었다. 기획재정부 자료에 따르면, 이명박 정부가 실시한 소득·법인세의 감세와 종합부동산세의 무력화를 통해 2008년부터 2011년까지 무려 65조 원 이상의 세수가 감소했으며, 2012년에도 약 20조9천억 원에 이르는 세수가 줄어들 것으로 전망된다. 더구나 그 혜택은 주로 부자들에게 돌아가는데, 조세연구원에 따르면 소득세의 감세 효과는 하위계층보다 상위 10%에서 훨씬 더 높은 것으로 지적된다.

한편 참여연대 산하 경제개혁연구소의 연구에 따르면, 2009년 현재 최고 법인세율은 22%이지만, 여러가지 조세감면 조치로 인해 산업 전체의 실효 법인세율은 17%였으며, 시가 총액 상위 10대 대기업의 실효 법인세율은 그보다 훨씬 낮은 13.5%에 불과했다. 특히 삼성전자는 2009년도 법인세 실효 세율이 11%에 불과했으며, 최근의 법인세 감면 혜택도 주로 대기업에게 돌아갔다. 법인세 자체가 높아 기업하기가 어렵다는 주장도 있지만, 우리나라의 명목 법인세율은 OECD 30개 회원국 가운데 22위로 낮은 편이며, 최근에는 각종 비과세와 감면으로 인해 실효 법인세율이 계속 감소하고 있다.

부자와 대기업에 대한 감세 정책과 더불어, 정부와 여당은 복지예산의 대폭적인 삭감을 단행하고 있다. 그러면서 최근 무상급식을 비롯한 복지 확충의 요구가 높아지자, 오히려 복지 포퓰리즘이 재정을 망칠 것이라고 비난한다. 2010년도 중앙정부 예산안 가운데 4대강 사업과 관련한 예산은 무려 8조5천억 원에 달한 반면, 국민기초생활보장 예산은 8.9% 삭감되었고, 결식아동급식지원을 위한 예산은 541억 원 전액이 삭감되어 25만 명의 학생들이 점심을 굶는 결과가 초래되었다. 또한 2011년도 예산안에서도 기초생활보장, 저출산 대응, 장애인 생활, 보육인프라 구축을 비롯한 핵심적인 복지사업의 예산이 거의 모두 삭감되었다. 구체적으로 살펴보면, 결식아동급식지원 예산이 283억 원 전액 삭감되었으며, 민간보육시설지원 예산이 400억 원, 기초생활보장 생계급여 예산이 32억 원, 그리고 영유아 예방접종 예산도 59억 원이나 삭감되었다.

아울러 중소기업과 농어민 등을 위한 예산 또한 대폭 삭감되었다. 2011년도 중소기업청 예산이 전해에 비해 약 9%, 즉 1749억 원 삭감되었고, 농어민 예산도 무려 8.5%에 달하는 1조4600억 원이나 삭감되어 사상 최대의 감소폭을 기록했다. 그런데도 정부의 2012년도 예산안에 따르면, 이른바 균형재정 달성을 위해 사회복지 지출 등을 억제함으로써 세입은 9.5% 증가하는 반면 총지출은 5.5%만 증가하도록 계획되어 있다. 선진국에 비해 한참 떨어지는 정부재정의 역할, 그리고 그보다 더욱 떨어지는 사회복지 지출을 생각할 때, 이는 완전히 잘못된 방향이다.

문제는 부자와 대기업에 대한 감세와 서민예산의 삭감이 잘못된 낙수경제론에 기초하고 있으며, 이러한 정책으로 인해 불평등이 더욱 확대될 뿐만 아니라 경제 활성화에도 크나큰 지장이 초래될 수 있다는 점이다. 기업의 소득이 1단위 늘었을 때 투자가 얼마나 늘었는지를 나타내는 한계투자성향은 1990년대까지 약 0.9에 머무르다가, 2000년대에 들어서는 거의 0.3까지 하락했다. 그러므로 이러한 상황에서 기업을 위해 법인세를 인하한다면, 결국 그 인하분의 70%가량은 투자되지 않고 대기업의 금고에 쌓이게 됨으로써 오히려 경제가 위축될 수 있다. 이와 달리 분수경제론은 세금을 감면하는 대신에 서민을 위한 복지 예산이나 중소기업을 위한 지출을 증가시킴으로써 경제 활성화에 도움을 줄 수 있다.

균형재정을 이루는 합당한 방법

그러므로 다음 정부는 토건사업에 들어가는 재정지출을 줄이고 부자 감세를 철회하는 한편, 그 재원을 바탕으로 사회복지 지출을 늘리고 공공부문을 확대해야 할 것이다. 이러한 노력이 현실화된다면, 서민과 중소기업 관련 지출 및 복지 지출을 증가시키는 데에 필요한 예산을 큰 부담 없이 마련할 수 있을 것이다. 현 정부는 균형재정을 이야기하면서 세출을 줄이려고 하지만, 현재 우리 사회에 정말로 필요한 것은 서민을 위한 세출을 줄이는 대신에 비생산적인 토건 예산을 축소하여 재정지출 구조를 개혁하고, 감세정책을 철회하여 세입을 증가시키는 것이다.

나아가 복지의 확충을 통해 보다 평등한 성장모델이 확립되어 경제가 살아나고 보다 안정적인 성장이 이루어질 수 있다면, 이는 장기적으로 정부재정에도 긍정적인 영향을 미칠 수 있다. 사회복지의 적극적인 확대를 위해 꼭 필요하다면, 광범위한 토론에 기초한 국민적 합의를 전제로 하여 세금의 확대까지도 생각해 볼 수 있을 것이다. 그러나 당분간은 증세를 생각하기 이전에 우선 재정지출 구조의 개혁이 필요하며, 또한 세제개혁을 통해 보다 공평하고 효과적인 세금제도를 확립해야 한다.

세금: 부자감세에서 공평한 세금으로

분수경제의 논리를 실현하려면 부자 감세를 철회하는 수준에서 한 걸음 더 나아가 보다 적극적인 세제개혁과 세금행정 개선이 이루어져야 한다.

우리나라의 취약한 세금구조

우선 GDP에서 세금이 차지하는 비중인 조세부담률을 보면, 우리나라는 2007년을 기준으로 다른 선진국들에 비해 낮은 21%를 기록했다. OECD 회원국들의 2007년도 평균 조세부담률은 26.7%였고, 복지제도가 발달한 스웨덴의 경우에는 무려 35.7%에 달할 정도였다. 더구나 감세정책으로 인해, 우리나라의 조세부담률은 2011년 들어 19.3%까지 떨어졌다. 아울러 조세부담률에 국민연금과 건강보험료 같은 사회보험료를 합한 국민부담률의 경우에는 선진국들과의 격차가 더 크게 벌어져, 2007년도 OECD 평균은 35.8%이고 스웨덴은 48.3%에 이르는 반면 우리나라는 26.5%에 불과했다. 그러므로 우리나라는 세금 기반이 상당히 취약한 동시에, 조세 수입을 보다 적극적으로 늘릴 여지가

표6. GDP 대비 조세율과 조세구성(단위: %, 2007)

	스웨덴	이탈리아	독일	영국	미국	일본	한국	OECD 평균
직접세(a)	22.8	17.4	12.6	18.2	17.8	13.3	12.0	**15.5**
간접세(b)	12.9	13.0	10.2	11.1	3.9	4.8	9.0	**11.0**
사회보장기여금(c)	12.6	13.0	13.2	6.6	6.6	10.3	5.5	**9.1**
조세부담율(a+b)	35.7	30.4	22.9	29.5	21.7	18.0	21.0	**26.7**
국민부담율(a+b+c)	48.3	43.5	36.2	36.1	28.3	28.3	26.5	**35.8**
총직접세율(a+c)	35.4	30.4	25.8	24.8	24.4	23.6	17.5	**24.6**

출처: OECD(2009), Revenue Statistics 1965-2008 (2009 Edition)의 6개 항목(소득세,
사회보장 기여금, 고용세, 자산세, 물품세, 기타)을 직접세와 간접세로 재구성해 계산
자료: 오건호. 2010. '국가재정 들여다보기'에서 재인용

있다고 말할 수 있다. 예컨대 우리나라 국민들이 선진국의 평균치만큼 세금을 낸다면, 매년 100조 원에 가까운 추가재정이 확보될 수 있다.

또한 세금 구조를 보면, 우리나라는 다른 국가들보다 간접세의 비중이 비교적 높다는 특징을 지닌다. OECD 국가들의 2007년도 GDP 대비 간접세의 평균 비율은 약 11%였으며, 직접세의 평균 비율은 약 15.5%, 여기에 직접세의 성격을 지닌 사회보장기여금까지 포함한 총 직접세의 평균 비율은 24.6%에 이르렀다. 이에 비해 우리나라는 GDP 대비 간접세의 비율이 약 9%였으며, 직접세의 비율은 약 12%, 그리고 총 직접세의 비율도 고작 17.5%에 머물렀다. 즉 다른 국가들에 비해 GDP 대비 총 세금의 비중도 낮을뿐더러, 특히 직접세의 비중은 더더욱 낮은 것이다. 더구나 현 정부 들어 감세정책이 시행되면서, 직접세의 비중은 더욱 낮아지고 간접세의 비중은 더욱 높아지고 있는 상황이다.

표7. 주요 국가들의 직접세 구조 비교(단위: 대GDP %, 2007)

	소득세	법인세	사회보장기여금			
			고용주	피고용자	기타	계
미국	10.8	3.1	3.3	2.9	0.4	6.6
일본	5.5	4.8	4.7	4.5	1.1	10.3
한국	4.4	4.0	2.4	3.1	0.0	5.5
이탈리아	11.1	3.8	8.9	2.3	1.8	13.0
독일	9.1	2.2	6.3	5.8	1.1	13.2
스웨덴	14.9	3.8	9.8	2.6	0.2	12.6
영국	10.9	3.4	3.7	2.7	0.2	6.6
OECD	**9.4**	**3.9**	**5.4**	**3.1**	**0.6**	**9.1**

한국 지역가입자 보험료는 피고용자에 포함. 기타 사회보장기여금은 장애보험료, 부모보험료,
유족연금료 등
출처: OECD(2009) Revenue Statistics 1965~2008(2009 Edition)
자료: 상동

　복지국가는 아닐지라도 엄격한 세금행정을 갖춘 미국의 경우에는 총 세수에서 차지하는 직접세의 비중이 80%를 넘지만, 우리나라는 60%가 되지 않는다. 이처럼 누진세 제도를 통해 소득재분배의 기능이 강한 직접세는 낮고 소비세 같은 간접세의 비중이 높다는 것은, 정부가 조세저항을 회피하고 가능한 한 많은 국민들로부터 쉽게 세금을 걷으려 한다는 뜻이다. 그리고 물론 간접세의 비중이 높은 세금구조는 부자들보다 저소득층에게 비교적 더 많은 세금부담을 지운다. 더구나 직접세의 내부 구성을 보더라도, 우리나라의 법인세 비중은 OECD 회원국의 평균 수준인 반면 소득세 비중은 평균을 크게 밑돈다는 점에서,

저소득층의 세금 부담이 비교적 더 크다는 점을 알 수 있다.

탈세와 탈루, 그리고 지하경제

조세제도를 개혁하려면, 먼저 세원 확대의 노력이 선행되어야 한다. 즉 불법이나 편법으로 이루어지는 탈세와 탈루를 엄격하게 방지하고, 지하경제를 단속해야 하는 것이다. 우리 사회에는 탈세와 탈루가 너무나 만연해 있다. 숱한 정계·관계·재계 인사들과 연예인들이 탈세를 저지르고 있을 뿐 아니라, 공직 후보자들의 청문회가 열릴 때면 거의 빠짐없이 탈세 의혹이 제기되고 있다. 이는 심지어 국세청장 후보자의 경우에도 예외가 아니었다. 2009년 국세청장의 후보 청문회에서는 본인과 배우자가 부동산 매매가액을 허위로 축소 신고하여 부동산 양도소득세 및 취득·등록세를 탈세했다는 의혹이 제기되었다. 물론 언제나 그렇듯이, 당사자는 고의가 아니었으며 법무사가 다운계약서의 관행대로 처리한 탓이라고 답변했지만 말이다.

한편 2010년에 변호사와 회계사, 세무사를 비롯한 8대 전문직 사업자 100명 가운데 15명은 월평균 매출이 200만 원도 되지 않는다고 신고했다. 다른 비용을 제외하면, 결국 4인 가족 최저생계비에도 못 미치는 수준의 소득을 신고한 것이었다. 이처럼 우리나라 고소득 자영업자들의 소득 탈루는 대단히 심각한 수준이다. 실제로 2009년도 국세청 세무조사에 따르면, 이들 8대 전문직 사업자들의 소득 탈루율은 37.5%에 달한다고 한다.(경향신문, 2011년 10월 6일자)

국세청은 또한 이미 지난 2005년부터 전문직 사업자 및 유흥업

소를 비롯한 현금수입 업종을 대상으로 10차례의 세무조사를 실시해 왔는데, 그 결과에 따르면 고소득 자영업자들의 평균 소득 탈루율이 무려 48%에 이르는 것으로 나타났다. 즉 소득의 약 절반가량을 신고하지 않고 누락시킨 것이다. 아울러 영세 자영업자들 또한 원가를 부풀리고 차명계좌를 사용하고 신용카드를 받지 않는 등의 방식으로 세금을 회피한다. 결국 언제나 월급생활자들의 '유리 지갑'만 명확한 과세대상이 되고 있는데, 국세청이 받아내지 못하여 결손 처리한 소득세 금액은 자영업자들의 경우가 월급생활자들의 경우보다 무려 40배나 많은 실정이다.

우리나라 경제에서 엄청난 부분을 차지하는 지하경제도 큰 문제이다. 지하경제는 공식적인 통계에 잡히지 않아 과세대상이 되지 않는 경제활동이다. 이미 잘 알려져 있다시피 현재 재정위기를 겪고 있는 그리스나 포르투갈, 이탈리아 같은 남유럽 국가들은 지하경제의 비중이 너무 큰 탓에 세수가 줄어드는 형편이며, 그것이 재정적자의 중요한 요인으로 작용하고 있다.

그런데 사실상 우리나라의 지하경제는 그리스나 포르투갈과 거의 비슷한 수준으로, GDP에서 차지하는 지하경제의 비중이 무려 28%에 이를 뿐만 아니라 좀처럼 줄어들고 있지 않아 심각한 문제로 지적된다(한국일보, 2011년 9월 26일자). 실제로 지하경제의 중요한 수단인 바지사장과 대포통장은 인터넷에서도 공공연히 거래되고 있으며, 2011년 6월 말 현재 국세청이 파악 중인 차명재산은 4조7300억 원에 달한다. 또한 상가 임대차 과정 등에서도 이중계약서 등을 통해 세금

탈루가 광범위하게 이루어지고 있는데, 만약 우리나라의 지하경제 비중을 선진국 수준인 10% 정도로만 낮출 수 있다면 무려 20조 원의 세수가 더 늘어날 수 있다.

이와 함께 과도한 세금감면 제도의 정비도 필수적이다. 투자 활성화라는 명목으로 도입된 연구개발 및 고용창출 투자세액 공제 등의 세금감면 혜택은 주로 대기업에게만 돌아가고 있는데, 전체 기업의 0.001% 정도인 169개 대기업이 전체 감면 혜택의 절반 이상을 누리고 있는 것으로 추정된다.(경향신문, 2011년 10월 6일자) 그 밖에도 저축성 보험 등에 주어지는 면세 특혜를 축소하고, 고액 금융거래 정보를 상세하게 수집하고, 직불카드 사용을 활성화하는 등의 조치들을 통해 세금행정의 투명성을 높여 나갈 필요가 있다.

올바른 세금지출이 조세저항을 줄인다

조세수입 구조의 개혁도 필요하다. 우선 전체 조세수입에서 직접세, 특히 소득세가 차지하는 비중을 크게 높여 세수를 확충하고, 세금의 소득재분배 기능을 개선해야 한다. 실제로 사회공공연구소의 연구에 따르면, 총 직접세의 비중을 선진국 수준만큼만 높이더라도 현재보다 약 70조 원의 세수를 더 확보할 수 있는 것으로 나타난다.

소득세의 세율만 놓고 보더라도, 우리나라는 다른 선진국들에 비해 부자들의 세금 부담이 상당히 낮은 편이다. 우리나라 소득세의 법정 최고 세율은 1990년대에 40%에서 현재는 35%까지 떨어졌는데, 다른 선진국들은 이보다 높아 스웨덴은 56.5%, 일본은 50%에 이른다. 아울

러 최근에는 워런 버핏이 주장하고 미국 민주당 정부가 추진 중인 이른
바 슈퍼리치 부유층에 대한 증세가 세계적으로 활발하게 논의되고 있
으며, 미국에서는 엄청난 불평등에 반대하며 월스트리트 금융기관들
의 탐욕을 비판하는 이른바 '월가 점령' 시위가 연일 확산되고 있다. 이
러한 상황을 고려할 때, 우리나라도 소득세 최고구간을 신설하는 등의
조치를 통해 상위 1% 최상위 그룹에 보다 높은 세율을 부과할 필요가
있다고 본다.

　　또한 유가증권 양도차익의 과세범위를 확대하고, 상속·증여로
볼 수 있는 모든 거래에 대해 세금을 부과하는 완전포괄주의를 채택해
야 한다. 그리고 무엇보다도 장기적으로는, 불로소득에 대한 과세가
강화되어야 한다. 이자소득세가 40~50% 수준인 선진국에 비해 우리
나라는 금융소득에 대한 과세가 매우 낮은 수준이므로, 금융소득종합
과세를 강화하는 동시에 가능하다면 무력화된 종합부동산세를 재정
비하는 것도 고려할 필요가 있다.

　　이러한 개혁 조치들이 오랫동안 주장되어 오면서도 제대로 도입
되지 못한 것은, 정치인들과 고위 관료들 스스로가 바로 관행상 탈세
를 자행해 온 기득권층이기 때문이다. 그리고 이러한 사실을 잘 아는
일반 국민들 또한 이들 사회지도층을 보면서 세금 내는 것을 달가워하
지 않는 경향이 있다. 예컨대 보수세력이 노무현 정부의 종합부동산세
를 세금 폭탄이라며 비판하자, 많은 국민들이 그 주장에 쉽게 동조한
바 있다. 정부가 세금을 걷어 국민의 생활을 돌보는 올바른 곳에 잘 쓰
고 있다는 믿음이 없다면, 국민들은 당연히 정부 세금에 대해 곱지 않

은 반응을 보일 것이다. 반대로 정부가 서민을 위한 사회복지처럼 꼭 필요한 곳에 국민의 세금을 사용하고 있음을 국민들이 피부로 느낀다면, 그리고 세금이 소득을 재분배하는 효과적인 수단임을 국민들이 이해한다면, 세금에 대한 저항도 크게 줄어들 것이다.

　세원의 확대, 진보적인 세제개혁, 그리고 올바른 세금지출을 통해 경제를 활성화하고 균형재정을 달성하는 것이 분수경제론의 적극적인 재정개혁 방향이다. 이는 잘못된 감세를 통해 세수를 줄이고 토건사업 등의 비생산적인 부문에 세금을 낭비하면서 균형재정이라는 명목으로 사회복지 지출을 억누르는 보수 정부의 재정정책과 완전히 배치된다.

복지: 사회복지의 확충과 복지국가의 길

현 정부와 보수세력은 흔히 글로벌 스탠더드를 따라야 한다고 주장한다. 그러나 우리나라의 사회복지는 바로 그 글로벌 스탠더드에 한참 모자라는 수준이다. 말하자면 사회복지 분야는 '복지 병'이나 '복지 포퓰리즘'을 걱정할 상황이 아니라, 보다 적극적으로 확충하여 글로벌 스탠더드를 실현해야 할 부문인 것이다.

보편적 복지와 선별적 복지

최근에는 국민들도 사회복지의 필요성과 중요성에 많이 공감하고 있다. 2010년 5월에 실시된 한겨레신문 창간 22돌 기념 여론조사에서, 응답자의 72.1%는 세금을 높여서라도 모든 국민에게 혜택이 가도록 해야 한다고 대답했다. 또한 2011년 6월에 실시된 한국일보-동아시아연구원 여론조사에서는 분배가 성장보다 중요하다는 응답이 56.8%를 차지하여, 2009년 2월보다 무려 16.4%나 증가했다. 바야흐로 경제 정체와 양극화, 그리고 빈곤의 심화로 인해, 우리 국민들 또한 현 정부의 잘못된 낙수경제론보다 다 함께 잘 살자는 분수경제론의 손을 들어주고 있는 것이다.

그러나 이처럼 복지정책에 대한 관심이 높아지고 있는 상황에서, 보수 진영은 국민 모두에게 제공되는 보편적 복지가 재정에 부담을 준다는 논리를 내세워 선별적 복지정책의 도입을 주장하고 있다. 예컨대 오세훈 전 서울시장은 서울시 교육청과 의회가 추진했던 전면적 무상급식 확대에 반대하여 주민투표까지 실시했으며, 결국 보편적 복지를 지지하는 시민의 뜻에 따라 시장직을 사퇴하고 말았다.

사실 보편적 복지와 선별적 복지를 의도적으로 대립시키는 것은 보수세력의 정치적 공세라고 할 수 있다. 사회복지는 빈곤층을 사후적으로 도와주는 공적부조, 건강보험 등의 사회보험, 그리고 노인 및 장애인 등에게 지원되는 사회서비스를 모두 포함한다. 여기서 공적부조와 사회서비스는 납세자와 혜택을 받는 대상이 다르기 때문에 선별주의이며, 사회보험은 전 국민을 포괄하기 때문에 보편주의이다. 즉 사회복지에는 이미 보편주의와 선별주의가 함께 도입되어 있는 것이다. 또한 사회보험은 국민 모두가 보험료를 내고 수혜를 받는다는 면에서 보편적이지만, 정부가 보조하는 보험료 기여분이란 결국 고소득자가 더많이 낸 세금이므로 선별적 복지의 특징도 지니고 있다.

이처럼 현실 정책에는 보편적 복지와 선별적 복지의 성격이 동시에 섞여 있기 때문에, 무상급식에 찬성하면 좌파라고 비난한다든가, 또 어떤 복지정책을 보편 대 선별의 이분법으로 구분하는 것은 불순한 정치적인 의도라고 할 수 있다. 따라서 구체적인 사안에 따라 보편과 선별의 원리를 함께 도입하는 것이 가장 합리적이다. 예컨대 학교급식과 보육, 기초 의료처럼 기본적인 권리와 관련된 사안은 보편적이어야 하지만, 주거와 공공부조 같은 복지분야는 선별적인 특징이 더욱 강해야 할 것이다.

그러나 현재 실시되고 있는 사회복지의 규모 등을 고려할 때, 우리나라는 여전히 보편적 복지가 더욱 필요한 상황이다. 예컨대 노동시장의 구조조정 과정에서 실업자의 직업훈련과 소득을 보장하려면, 보편적인 복지체계가 필수적이다. 더구나 선별적 복지는 부담만 지고 혜택은 받지 않는 고소득 납세자들의 반대에 직면하여 사회연대성을 해칠 가능성이 높으며, 또한 수혜 대상을 선별하는 과정에서 상당한 행정비용이 소요될 수 있다. 국제적으로 보아도, 보편적 복지체계가 발달한 북유럽 국가들의 경우에는 국민이 세금과 복지를 더욱 적극적으로 받아들이고 소득분배 역시 더욱 평등한 편이다. 아울러 복지가 중산층 이하 저소득층의 소비와 내수를 진작하여 투자와 성장을 자극할 수 있다는 점을 고려할 때, 역시 보편적 복지를 지향하는 것이 올바른 방향으로 보인다.

글로벌 스탠더드를 거스르는 우리나라의 사회복지

복지를 통해 사회적 약자를 지원하는 것은 사회의 기본적인 책임이자 국가의 가장 중요한 역할 가운데 하나이다. 그러나 우리나라의 사회복지는 다른 나라들에 비해서도, 또 현재의 소득 수준에 비해서도 매우 낮은 수준이다. 〈그림5〉에서 보듯이, 2008년 현재 우리나라의 GDP

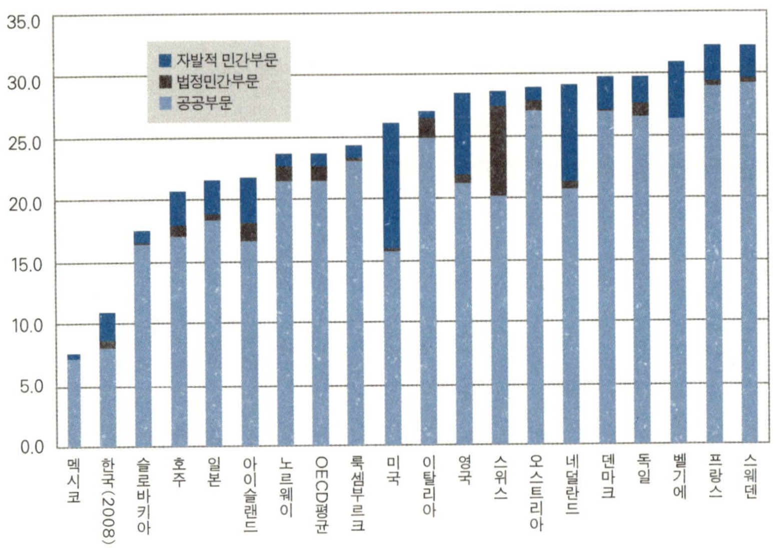

주: 공공부문지출 + 법정민간부문지출 + 자발적민간부문지출 = 총사회복지지출
자료: OECD. 한국보건사회연구원, '사회복지지출의 국제비교'에서 재인용

대비 공공복지지출은 8.3%로, OECD 평균인 20.6%에 훨씬 못 미친다.
또한 공공복지지출과 더불어, 민간기업이 법에 의해 지출하는 법정퇴
직금이나 출산휴가급여 같은 법정민간복지지출, 그리고 종교기관 등
의 자발적민간복지지출을 모두 합한 총사회복지지출의 GDP 대비 비
중도 10.95%로 OECD 평균인 23.7%보다 훨씬 낮았으며, 7.6%를 기록
한 멕시코를 제외하면 최하위였다.

　　1인당 GDP가 2만 달러에 도달한 시점에서 사회복지가 차지하는

비중을 보더라도, 우리나라는 역시 최하위권을 벗어나지 못한다. 〈표 8〉에 나타나 있듯, OECD의 GDP 대비 평균 복지비중은 선진국의 1인당 국민소득이 2만 달러 내외이던 1990년에 17.6%, 1만 달러 내외이던 1980년에 15.6%로서, 한국의 2007년 GDP 대비 평균 복지비중 7.5%의 두 배가 넘었고, 스웨덴(사민주의), 독일(조합주의), 영국(자유주의), 일본(가족주의) 등 복지국가 유형을 대표하는 네 나라를 따로 보더라도 모두 일찍이 오늘날의 한국보다 복지 비중이 높았음을 알 수 있다. 또한 우리나라의 의료비 가계부담률은 약 36%로 OECD 평균인 18%을 크게 상회하며, 건강보험 보장률도 최근 축소되고 있는 형편이다. 현 정부는 정부총지출 대비 복지예산 비중이 역대 최고치인 28%에 달한다며 자화자찬하지만, 이는 정책의 변화 때문이 아니라 고령화 진전에 따른 자동적인 증가일 뿐이며 복지예산의 증가율은 오히려 줄고 있다. 정부부처의 12대 분야별 예산 가운데 복지 분야 예산의 증가율은 2006년 10.2%, 2007년 9.6%, 2008년 10.3%를 기록하며 복지수요의

표8. 사회복지지출의 역사적 변화(단위: 대GDP %)

	스웨덴	독일	영국	일본	한국	OECD 평균
2007년	27.3	25.2	20.5	18.7	7.5	19.3
1990년	30.2	21.7	16.8	11.3	2.8	17.6
1980년	27.2	22.1	16.5	10.4	-	15.6

자료: OECD. Social Expenditure Database, 2010. 현대경제사회연구원, 2011.
한국형 복지모델의 방향에서 재인용
선진국 1인당 국민소득은 대략 1990년에 2만 달러, 1980년에 1만 달러 수준

확대에 대응하여 왔는데, 그 뒤로는 2009년 8.5%, 2010년 8.9%, 2011년에는 6.3%로 줄어들고 있다.

이렇게 낮은 사회복지 수준은 빈곤층과 소외층의 살림을 지원하는 데에 크게 부족하다. 앞서 살펴보았듯이, 외환위기 이후 노동시장의 유연화와 근로빈곤층의 증가, 그리고 대기업과 부자에 친화적인 현 정권의 등장으로 인해, 우리나라 빈곤층의 생활은 이전보다 더욱 어려워졌다. 김대중 정부 당시에 국민들이 누려야 할 최소한의 인간적 삶을 보장하고자 국민기초생활보장제도가 도입되기는 했지만, 현 정부 들어 생활비에 비해 급여가 상대적으로 낮아지고 수급조건이 까다로워짐으로써 공공부조의 사각지대가 매우 넓어진 상황이다.

실제로 기초수급 대상자를 선정하는 평가기준인 최저생계비가 2000년대 이후 점점 하락하여 도시근로자 가구 평균소득의 1/3에도 못 미치는 탓에, 너무나 많은 빈곤층이 복지 혜택을 받지 못하고 있다. 중위 소득의 절반 이하를 버는 우리나라 빈곤층은 2009년에 585만 명이었지만, 그 가운데 약 70%가 기초생활보장제도의 혜택을 받지 못했다. 또한 가족으로부터 도움을 받지 못하면서도 부양능력이 있는 가족이 있다는 이유만으로 혜택을 받지 못하는 인구가 100만 명으로, 전체 빈곤인구의 17%에 달하고 있다.

복지는 결코 빈곤층만을 위한 문제가 아니다. 최근 우리 사회는 중산층이 점점 줄어들고 있으며, 국민 대다수가 육아와 교육, 주거와 의료, 그리고 은퇴 이후의 노후생활에 엄청난 불안을 느끼고 있다. 이처럼 서민들의 생활 자체가 불안정한 우리의 현실을 고려할 때, 사회복지의 확대는 더 이상 늦출 수 없는 시대적인 요구라고 할 수 있다.

'복지 포퓰리즘'은 없다

최근 민주당은 보편적 복지를 당론으로 결정하고, 무상급식과 무상의료, 무상보육, 그리고 반값 대학등록금을 골자로 하는 3+1 복지 공약을 내놓았다. 계획에 따르면, 이러한 4대 복지정책을 시행하는 데에는 연간 약 17조 원의 예산이 필요할 것으로 추산되는데, 그 재원은 추가적인 증세나 재정건전성의 악화 없이도 충분히 확보할 수 있다.

선심성 예산을 삭감하는 등의 재정지출 개혁만으로도 2013년부터 매년 12조 원 이상을 조달할 수 있으며, 감세 철회와 음성탈루소득 과세 강화 등의 조세개혁과 건강보험료 체계 합리화, 그리고 복지전달 체계 개선을 통해서도 모두 21조 원에 가까운 재원을 확보할 수 있다. 이러한 노력이 이루어진다면, 2013년부터 5년간 연차적으로 추진할 3+1정책의 재원이 마련된다. 더구나 현 정부의 감세정책으로 줄어드는 세수가 약 90조 원, 4대강 관련 사업으로 지출되는 재정이 약 30조 원임을 고려하면, 새로운 세금 신설 없이도 충분한 재원 확보가 가능하다. 이러한 계획은 전 국민을 대상으로 하는 핵심적인 복지정책을 증세 없이 실행하려 한다는 점에서 큰 의미가 있다. 물론 현실적으로 소요되는 예산 액수와 보다 구체적인 실행방안 등에 대해서는 더 많은 논의가 발전되어야 할 것이다.

정부가 장기적으로 지출을 적극 늘려야 하는 복지 분야는 이 네 가지뿐만이 아니다. 구체적으로 말하자면, 무상급식과 무상보육, 아동

수당 지급, 대학등록금 인하와 공교육 확대, 건강보험의 보장성 확대, 노동시장정책 확대, 기초노령연금 확충, 공공임대주택을 비롯한 주거 복지 등을 주요 분야로 꼽을 수 있다. 특히 학생들의 급식과 아이들의 보육, 건강보험, 그리고 노인복지 분야에서 복지의 확충이 가장 시급하다. 각 분야에 필요한 재원과 복지의 전달방식에 관해서는 심층적인 연구와 논의를 통해 보다 구체적인 정책대안들을 만들어나가야 할 것이다. 무엇보다도 앞서 지적했던 재정 및 세제개혁을 통한 재원 확충 방안을 효과적으로 연관시킬 필요가 있다.

보수세력과 현 정부는 복지 확충이라는 대세적인 흐름을 어쩔 수 없이 따르는 듯 보이기도 하지만, 여전히 과도한 복지지출이 정부재정과 경제를 망칠 것이라고 비판한다. 그러나 이미 지적한 바 있듯이, 감세와 낭비적인 토건 지출 등을 고려할 때 보수세력이 전가의 보도처럼 휘두르는 복지 포퓰리즘의 논리는 전혀 근거가 없다. 그럼에도 최근 그리스를 비롯한 남유럽 국가들의 재정위기를 사례로 들면서 여전히 복지 포퓰리즘을 경제위기의 근원으로 지목하는데, 이는 현실을 왜곡시키고 진실을 호도하는 주장이다.

남유럽 국가들의 재정위기는 복지지출을 포함한 정부의 높은 재정지출과 전혀 무관하다고 할 수는 없겠지만, 최근에 재정적자가 높아진 가장 중요한 이유는 바로 2000년대 이후에 도입된 무리한 감세정책임을 잊지 말아야 한다. 또한 그리스의 경우에는 지하경제의 비중이 선진국 가운데 가장 높아, 세금수입이 크게 약화된 상황이었다. 나아가 보다 근본적으로는 유로존 가입과 유로화 사용으로 인한 외국자본의 용이한 유입에서 문제의 발단을 찾을 수도 있다. 정부는 유입된 외국자본으로 손쉽게 재정적자를 메웠는데, 2007년 이후 금융위기가 시작되자 많은 유럽은행들이 남유럽 국가들의 정부채권을 위험자산으로 인식하게 되었고, 관광업 비중이 높은 그리스는 더 큰 타격을 받아 경상수지 적자가 더욱 심각해졌던 것이다.

미국을 비롯한 다른 선진국들의 경우에도, 복지지출로 인해 재정적자가 심각해진 것이 아니라 금융위기에 대응하는 정부의 재정지출 증가로 인해 최근 적자가 크게 늘어난 것이다. 사회복지가 튼튼한 북유럽이나 독일 등의 경제는 재정적인 면에서도 비교적 안정적임을 고려할 때, 결국 세계경제가 주는 교훈은 보수세력의 주장과 전혀 다름을 알 수 있다.

사회복지와 분수경제

사회복지 확충과 복지국가 확립은 여러 의미에서 분수경제론을 실현하는 데에 필수적인 요소이다. 먼저 무엇보다도 사회복지는 심각한 소득불평등을 개선하는 데에 도움을 주어, 사회적 불안과 갈등을 완화할 수 있다. 우리나라는 공정하지 못한 시장구조로 인해 1차적 분배의 불평등도 높지만, 복지를 통해 2차적 분배구조를 개선하는 정부의 역할도 아직까지 제한적이다. 공정한 시장질서가 확립되고 아울러 복지가 확충된다면, 앞에서 보았듯이 사회통합과 균형에 기초한 성장 잠재력의 확대가 가능할 것이다. 그리고 사회복지가 서민과 빈곤층의 소득을 보조하여 소비를 진작시킨다면, 내수 활성화에 기초한 경기 진작이 가능할 것이다. 이러한 경로는 사회복지가 분수경제를 실현하는 매우 중요한 수단이 될 수 있음을 잘 보여준다.

사회복지의 확대는 또한 일자리 창출을 통해서도 분수경제의 실현에 기여할 수 있다. 최근에는 특히 인구구조 변화로 인한 저출산 문제, 노령화로 인한 노인복지 문제, 여성의 사회활동 증가로 인한 육아 문제 등이 더욱 심각해지고 있다. 대부분의 복지국가들은 세계화와 경제구조의 변화 속에서 불안을 최소화하고 노인·아동·가족 분야의 사회서비스에 대한 사회적 욕구를 충족하고자 다양한 사회서비스를 제도화하고 대폭적으로 확충해 왔다. 이러한 분야를 시장에 맡겨두면 민간 공급자가 너무 높은 가격을 요구하기 때문에, 가난한 사람들은 서비스를 제대로 제공받지 못한다. 그러므로 이러한 분야에서 서민을 위해 값싸고 질 좋은 공공서비스를 제공하기 위한 공공부문의 노력이 필수적이다. 정부가 사회복지의 확충을 통해 직접 서비스를 제공하거나 다양한 방식으로 이러한 사회서비스 분야를 지원한다면, 좋은 일자리 창출에도 크게 기여할 수 있을 것이다.

노동: 저임금노동자, 비정규직, 노사관계 개혁

우리나라 노동문제의 핵심은 저임금과 고용불안이다. 그리고 이는 비정규직 확산과 청년실업이라는 구체적인 모습으로 나타나고 있다. 일자리가 새로 생겨나기는 하지만, 대부분 임금이 낮고 근로환경도 열악하다. 또 계속 일할 수 있을지도 불투명하기 때문에, 청년을 포함한 많은 노동자들이 이러한 일자리를 기피하거나, 늘 불안감을 느끼며 어려운 환경에서 힘든 노동을 이어가고 있다. 그리하여 이러한 상황을 집단적으로 해결하고자 하는 가운데, 비정규직을 둘러싼 갈등이 불거지고 있는 것이다.

낮은 임금과 불안정한 고용

이러한 저임금과 고용불안의 문제는 정부와 사회가 적극적으로 나서서 해결해야 한다. 저임금과 고용불안은 사회를 매우 불안정하게 만들고 경제발전을 저해함으로써, 결국 사회 구성원 모두가 패자가 되는 상황을 피할 수 없기 때문이다. 정부는 1997년 경제위기 이후 이른바

‘고용 유연화’라는 명분하에 지금의 고용불안을 야기한 비정규직 제도를 앞장서 도입한 원죄가 있다. 그러므로 ‘고용 유연화’ 이후 불안정한 노동환경에 처한 수많은 사회 구성원들, 청년 실업자들, 그리고 저임금 노동자들의 고통과 비탄에 귀 기울이고, 이 문제를 해결하기 위한 제도적 장치와 노동사회 정책을 시급히 도입해야 한다.

문제 해결의 대원칙은 우리 사회 구성원들 모두가 안정적인 노동환경에서 인간다운 삶의 영위가 가능한 적정 임금을 받으며 일할 수 있어야 한다는 것이다. 이에 따라 우선 저임금의 실태부터 살펴보면, 우리나라의 공식적인 최저임금은 너무나도 낮은 수준이다. 2011년 법정 최저임금은 겨우 시간당 4320원으로, 중위임금 대비 최저임금 비율뿐만 아니라 최저임금 상승률도 OECD 국가들 가운데 하위권에 머무르고 있다.(경향신문, 2011년 6월 1일자) 게다가 통계청 자료에 따르면, 임금근로자 가운데 최저임금조차 받지 못하는 비율이 2001년 약 4.4%에서 지속적으로 증가하여 2011년에는 약 12%에 달한다. 그럼에도 최저임금조차 받지 못하는 노동자들은 그 사실을 신고하기도, 인정받기도 쉽지 않은 현실이다. 이는 법정최저임금제도가 ‘저임금계층 일소, 임금격차 해소, 분배구조 개선’이라는 본연의 목적에 부응하지 못하고 있으며, 정부가 감독 등의 행정의무를 충실히 이행하고 있지 않음을 의미한다. 실제로 2010년도 국정감사에서, 민주당 홍영표 의원은 고용노동부자료에 기초하여 정부부문인 공공행정에서조차 최저임금 미달자가 무려 전체의 12.68%인 12만3천 명에 달한다고 보고했다.(아시아경제, 2010년 10월 6일자)

우리나라 노동시장이 경직적이라 기업하기가 힘들다는 보수세력의 주장과 달리, 비정규직을 포함한 우리나라 노동시장은 매우 유연하며, 선진국 가운데 노동자의 고용이 가장 불안정한 편이다. 이미 2003년에 포브스는 우리나라 노동시장의 유연성이 미국과 캐나다 다음으로 OECD 회원국 가운데 3위라고 발표한 바 있다. OECD의 통계를 보더라도, 우리나라 노동시장의 평균근속년수는 OECD 회원국 가운데 가장 짧고, 10년 이상 장기근속자 비율은 2009년 현재 16.5%로 꼴찌이며, 1년 미만의 단기근속자 비율은 37.2%로 1위였다.

현재 우리나라에서 가장 심각한 사회문제이자 노동문제는 비정규직 문제일 것이다. 비정규직 통계에는 많은 혼란이 있지만, 시간제 고용과 한시적 고용, 그리고 비정형 고용을 포함하는 정부의 공식발표

그림6. 한국의 근속년수 관련 지표

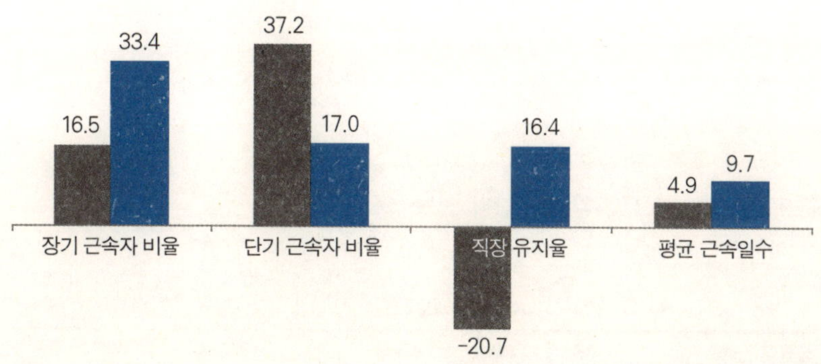

자료: 김유선, 2010. 한국의 노동, OECD 회원국과 국제비교
주: 직장유지율은 장기근속자비율 − 단기근속자비율로 계산

에 따르면, 2011년 8월 현재 비정규직은 약 599만5천 명으로 전체 임금근로자의 34.2%에 달한다. 이는 2004년 8월 37.0%에 비해 줄어든 수치이지만, 어떤 연구자의 주장에 따르면 우리나라의 비정규근로자 비율은 OECD 회원국 가운데 4위를 기록할 만큼 국제적으로는 여전히 높은 수준이다. 노동계의 주장에 따르면 상황은 더욱 열악하다. 임시일용직뿐만 아니라 한시근로자와 시간제근로자, 파견근로자 등의 비정형근로를 모두 더한 비정규직은 2010년 현재 전체 임금노동자의 50.4%에 달한다.

통계청의 공식통계에 따르면, 2007년에 정규직 임금의 약 64% 수준이던 비정규직 임금이 2010년에는 약 55% 수준으로 크게 하락하여, 소득분배의 불평등이 더욱 심화된 것으로 나타났다. 또한 비정규직 노동자들의 국민연금·건강보험·고용보험 가입률도 정규직 노동자들의 약 절반 수준에 불과하다.

파견업체 소속 노동자들은 사실상 비정규노동자인데, 이들은 낮은 임금과 긴 노동시간, 그리고 짧은 계약기간 등으로 인해 더욱 큰 어

표9. 정규직과 비정규직의 임금(단위: 천원, %)

	2005.8	2006.8	2007.8	2008.8	2009.8	2010.8	2011.8
정규직 임금	1,846	1,908	2,008	2,127	2,201	229.4	238.8
비정규직 임금	1,156	1,198	1,276	1,296	1,202	125.8	134.8
상대임금수준	62.6	62.8	63.5	60.9	54.6	54.8	56.4

자료: 통계청, 경제활동인구 부가조사

려움을 겪고 있다. 특히 최근에는 원청기업의 사업장에서 그들의 지휘·감독을 받으며 일하는 하청업체 소속의 사내하청 노동자가 재벌기업 중심으로 크게 늘어나 심각한 사회문제가 되고 있다. 이들은 파견근로자보다도 더욱 열악한 대우를 받고 있으며, 실효성 있는 법적 보호도 거의 받지 못한다. 최근 재벌 제조업체들은 이들의 비중을 크게 늘려, 대기업의 경우에는 그 비율이 약 20%에 달하고, 조선·철강·자동차 등의 산업에서는 그보다도 훨씬 더 높은 상황이다.(한겨레신문, 2011년 10월 12일자) 그리고 최근 대리운전기사와 학습지 교사, 보험모집인 등을 비롯한 특수고용노동자들이 100만 명에 이르고 있지만, 그들 또한 권리를 보장받지 못하고 있어 문제로 지적되고 있다. 비정규직 노동자의 열악한 처지는 노동을 하면서도 심각한 가난에 처해 있는 이른바 근로빈곤 문제, 그리고 소득분배 악화의 근본적인 원인이다.

사용자에게 대응할 힘이 필요하다

임금이 높고 고용이 안정된 일자리를 창출하려는 노력이 성공을 거두어야만 저임금과 고용불안의 노동 상황을 근본적으로 변화시킬 수 있지만, 현 상황에서도 수많은 노동자들의 고통을 덜어줄 수 있는 방안이 있다. 우선 정부는 비정규직을 본격적으로 정규직화하여 고용 안정성을 높여주고, 꼭 비정규직이 필요한 경우 이들에게 정규직과 동등한 임금을 지불해 저임금 노동을 없애는 데에 앞장서야 한다. 정부는 이미 비정규직을 무기 계약직으로 정규직화하는 작업에 들어간 상태지만, 정규직화의 폭과 속도를 더욱 늘려야 한다. 동시에 공기업과 대기업을 필두로 하여 모든 기업이 경영상 꼭 필요하다는 것을 증명하거나 노동자가 자발적으로 원하는 상황이 아닌 한 모든 비정규직을 철폐하게끔 유도해야 한다. 정부 입찰에 비정규직 고용 수준 등을 감안하는 식의 제도적·비제도적 방법을 활용하여, 예외적인 경우를 제외하고는 모두 정규직을 고용하도록 압력을 가해야 한다.

분수경제론은 노동조합이 보통 사람들의 노동의 질을 높이는 데에 중요한 역할을 할 수 있다고 평가한다. 개별 사업장의 노동 상황에 정부가 일률적으로 개입할 수는 없다. 사업장의 노사가 서로 협상하고 타협해야 하는데, 이를 위해서는 상대적으로 강한 사용자의 힘에 대응할 수 있는 노동자 대표조직이 있어야만 한다. 보수세력이 지지하는 낙수경제론은 노조의 힘이 지나치게 강하면 기업하기가 어려워지고 기업의 투자가 억제되어 경제를 살리는 데에 방해가 된다고 주장하지만, 실상 다수의 사업장에서 진짜 문제가 되는 것은 노동자의 힘이 강하다는 점이 아니라 너무 약하다는 점이 문제이다.

사업장에서 사용자의 의도에 따라 임금과 근로조건이 일방적으로 체결되고, 그 결과 특히 비정규직 노동자들의 처지가 너무나 열악해진다. 그리고 이는 사회갈등을 심화하고 내수를 침체시켜, 경제에 오히려 악영향을 미치고 있다. 장기적인 경제성장, 특히 공평한 성장을 위해서는 임금과 근로조건을 개선하고 노사관계에 균형을 맞추는 것이 필수적이다. 노동자들이 잘 살아야 기업도 살고 경제도 살 수 있는 것이다.

물론 극소수의 대기업 노동자들은 임금과 고용안정성이 높고 강력한 대기업 노조의 보호를 받고 있지만, 대기업 노동자라도 다 그런 것은 아니다. 특히 대기업에서 파견, 사내 하청 등으로 일하는 노동자들은 사실상 정규직의 업무를 담당하면서도 정규직 노동자에 비해서 상대적으로 낮은 임금과 고용 불안을 겪고 있는데, 정부는 이 문제를 해결하기 위해 대기업 사용주와 노조의 전향적 자세를 촉구해야 한다. 많은 경우 대기업이 이런 식으로 비정규직 노동자들을 고용하는 것은 노조를 회피·약화하거나 임금을 절약하기 위함이다. 그러나 사용자는 자신들이 사용하는 모든 노동자들에게 적정한 임금과 고용 안정성을 제공해야만 사회적으로도 바람직하며, 나아가 장기적이고 안정적이고 협조적인 노사관계 속에서 교육과 훈련을 통해 노동자의 숙련도를 향상시키고자 노력해야만 자신들에게도 경제적으로 이익이 될 것이라는 점을 자각해야 한다. 또한 대기업 노동조합도 비정규직 노동자들을 포용하여 비정규직 차별 해소를 위한 정책을 실시하고, 이를 위해 기존의 임금과 근로조건을 조정하는 성숙한 자세야말로 자신들의 중장기적인 이해관계에 유익하다는 점을 인식할 필요가 있다.

그럼에도 대기업의 기형적인 노사관계는 많은 경우 기업주의 책임이라는 점을 다시 한 번 강조하고 싶다. 재벌 대기업들은 노동자를 여전히 비용으로만 생각하며, 구조조정 과정에서 노동자를 쉽게 정리해고하려는 모습을 보인다. 예컨대 한진중공업은 필리핀에 조선소를 건설하고, 노동자들의 동의를 구하는 절차도 없이 국내 조선사업에 대한 구조조정을 일방적으로 진행함으로써, 노동자들의 격렬한 저항을 초래했다. 정리해고에 반대하는 노동자들이 목숨을 잃었으며, 민주노총의 김진숙 위원(부산지부 지도위원)은 고공 크레인에서 오랫동안 농성을 벌였다. 많은 국민들 또한 노조와 협의한 사항을 지키지 않고 경영진이 일방적으로 밀어붙인 한진중공업의 정리해고에 대해 좀처럼 동의하지 못한다. 그러한 상황이 자신에게도 언제든지 닥칠 수 있다는 불안감을 느끼는 것이다.

정부는 사용자가 과연 해고 조치를 취하지 않고자 최선의 노력을 다 하는지, 또 경기변동의 어려움을 노동자와 함께 감내하는지 면밀히 관찰하고, 해고 방지를 위해 최대한의 노력을 기울여야 한다. 그리고 정리해고 과정에서 사용자의 불법이 있다면, 이를 처벌하여 무분별한 정리해고의 재발을 막아야 한다.

수량적 유연성에서 기능적 유연성으로

대기업 노조가 정리해고에 결사적으로 반대하는 것은, 해고 이후에 닥치는 생활고와 너무나 적은 일자리 기회 때문일 것이다. 많은 대기업들이 정규직을 정리해고한 뒤에 그 자리를 비정규직으로 채웠고, 해고 노동자들의 삶은 크나큰 어려움에 빠졌다. 해고가 불가피하다면 해고된 노동자들에 대한 생활지원을 개선하고, 적극적인 직업훈련을 통해 새로운 기회를 찾도록 도와주는 정책적 노력이 필요하다. 정부는 이런 식의 적극적인 노동시장정책을 통해 기업의 구조조정과 노동자들의 전직 과정을 지원해야 할 것이다.

적극적인 노동시장정책은 노동시장의 유연성을 강화하고, 노동자들이 생산적인 부문으로 재배치되도록 촉진하는 등의 방법을 통해 노동시장의 기능을 향상시키는 정책이다. 구체적으로는 공공직업안정기관이 제공하는 취업알선 및 적극적인 구인개척 등의 공공고용서비스, 정부에 의한 각종 직업훈련, 그리고 공공부문의 직접적 고용창출이나 실업자 고용에 대한 보조금 지원 등의 정책들이 실행될 수 있다.

분수경제는 수량의 유연성이 아니라 기능의 유연성을 추구한다. 요컨대 북유럽 국가들의 경우처럼, 노동시장은 유연하지 않지만 노동자의 기능과 숙련도가 뛰어나 고용안정이 보장되는 노동체제를 구축해야 한다. 고용불안이 수반되는 수량적 유연성의 체제보다는 숙련된 기술을 바탕으로 노동자들의 고용이 보장되는 기능적 유연성의 체제에서 생산성이 더 높아질 수 있다.

일본의 토요타 같은 기업은 종신고용에 기초한 장기고용, 노동자에 대한 평생학습, 그리고 노동자들의 자발적 제안에 기초한 개선을 통해 세계 최고의 생산성을 보여주고 있다. 우리나라에서도 유한킴벌리 같은 회사는 안정된 고용 속에서 노동자의 기능을 향상하기 위해 3교대제를 도입하고 노동자들의 현장교육을 강화하여 높은 성과를 보여준 바 있다. 이처럼 기업은 노동자에게 안정적인 고용과 교육을 제공하고 노동자는 숙련과 생산성 상승에 기여하는 상호 협조적인 노사관계야말로 이상적인 노사관계라고 할 수 있을 것이다.

그러나 유럽 국가들의 적극적인 노동시장정책과 협조적인 노사관계는 높은 노조 조직률로 대표되는 노사 간의 세력균형에 기초한 것임을 잊지 말아야 한다. 우리나라는 전체적으로 볼 때, 노조로 조직된 노동자의 힘이 기업주에 비해 상대적으로 너무 약하기 때문에 노사관계가 전혀 균형적이지 않다. 실제로 우리나라의 노동조합 조직률은

1987년의 민주화운동과 노동자대투쟁을 거치며 거의 20% 수준까지 높아졌지만, 2000년에 12%, 2009년에는 약 10%로 꾸준히 하락하고 있다. 특히 정규직 노동자들의 노조 조직률은 20.3%에 이르지만, 비정규직 노동자들의 경우에는 1.7%에 불과하다. 이와 달리, 북유럽 국가들은 60%가 넘는 높은 노조조직률과 산업별노조의 활성화를 통해 산업별로 노사 간의 협약이 지켜지며, 국가경제를 고려하는 노조의 책임감도 높다.

비록 노조 조직률이 낮다고 해도, 만약 노조와 사용자 간의 단체협약이 비조합원을 포함한 모두에게 적용되는 비율인 단체협약 적용률이 높으면, 노동자들의 처지가 개선될 수 있다. 그러나 우리나라는 노조 가입률과 단체협약 적용률이 비슷하며, 둘 모두 역시 선진국들 가운데 최하위 수준이다. 조직된 노조도 주로 대기업 중심이며, 30인 미만 중소기업의 경우에는 노조 조직률이 0.2%에 불과하다. 즉 기업 규모가 작을수록 경영 상황도 열악하고, 비정규직 비중도 높으며, 노조 조직률도 낮은 것이다. 따라서 비정규직인 비노조원들의 생활은 더욱 악화되고 있으며, 이는 사회적 양극화와 갈등의 심화로 이어지고 있다. 그리고 아울러 서민들의 생활을 지원함으로써 보다 공평한 성장을 촉진하는 분수경제론의 현실화에도 걸림돌이 된다. 그러므로 우리의 현실에서는 보수 세력의 주장과 달리, 노조의 조직률을 높이고 노동자들의 세력을 강화하는 일이 더욱 필요하다. 국가는 노사관계의 중요성과 현재 사용자에게 일방적으로 유리하게 왜곡된 노사관계를 감안해서 노사 대등 상황이 될 수 있게 '노동자 편들기'를 해야 한다.

노동 조직의 활성화

노동조합을 활성화하려면, 세계적으로 그 유례를 찾아보기 힘든 기업 단위의 노조체제를 산업별·지역별 노조체제로 재편해야 한다. 이를 위해서는 노조가 조합원만을 대표할 수 있도록 되어 있는 현행 노동조합 및 노동관계조정법을 개정해야 한다. 그리하여 개별 기업의 수준을 초월하는 노동조합이 사용자 집단과 단체협약을 체결하고, 그 효력이 모든 노동자들에게 확장되도록 해야 한다.

한편 우리나라처럼 노조 조직률이 지나치게 낮은 경우에는 설령 기업에 노조가 존재한다 하더라도 노사 모두 대화창구의 부재라는 문제를 겪을 수 있는데, 이때에는 기존의 노사협의회를 강화하여 독일의 노동자평의회 수준으로 발전시킴으로써 문제를 해결할 수 있다. 즉 법규정을 통해 일정 규모의 사업장은 반드시 노동자들을 대표하는 조직을 구성하도록 하고, 사용자들은 그 조직의 적절한 활동을 위해 사무실과 인원을 지원하도록 하는 것이다. 이렇게 구성된 노동자평의회는 노동자들을 대표하여 다양한 생산관련 문제들을 생산자와 논의하고, 그로써 사업장 수준의 문제를 해결함과 동시에 산업평화와 산재예방 등의 다양한 효과를 거둘 수 있다.

사업장 수준의 노동자 대표조직이 사업장을 넘어서는 지역별·산업별 노조와 결합되면, 노사 간에 어느 정도 힘의 균형이 이루어지고 다양한 노사 현안이 협상과 타협에 의해 합리적으로 해결될 수 있을 것이다. 독일 자동차산업의 경우에는 산업을 대표하는 금속노조가 완성차업체와 직접 협상하여, 비정규직을 보호하는 동시에 그 규모를 축소하기 위한 노력을 기울이고 있다. 아울러 완성차업체와 하도급부품업체 노동자들의 합동 노동자평의회가 완성차업체의 경영진과 대화함으로써, 하도급업체에 대한 납품단가 인하 압력을 억제하고자 노력하고 있다.(한겨레21, 2011년 10월 10일자) 이렇게 노동자 세력이 강화되어 사회 전체의 균형이 이루어진다면 노사정협의회 같은 의사결정기구를 통한 사회적 타협도 가능할 것이고, 이는 분수경제의 정치적 기초가 될 수 있을 것이다.

물론 노조도 집단이기주의에서 벗어나, 비정규직을 포함한 노동자 전체와 국민경제를 고민하는 책임 있는 자세를 보여주어야 한다. 요컨대 노동조합의 압력, 여론의 지지와 정치적인 노력, 그리고 이에 기초한 민주국가의 적극적인 개입이 있어야 노동자 보호와 최저임금 인상의 제도화가 가능한 것이다. 그러나 최저임금을 인상한다면, 생산성이 낮고 저임금을 바탕으로 운영되는 여러 중소기업들과 자영업체들은 어려움을 겪게 될 것이다. 그럼에도 산업별 노조가 강력하여 동일노동 동일임금의 원칙이 실현된 북유럽의 경험에 비추어보면, 이렇게 비생산적인 기업들은 파산하여 구조조정되고, 노동력이 더욱 효율적인 기업과 산업으로 활발하게 이동하여 경제 전체의 생산성과 경쟁력이 더욱 높아질 수 있다. 물론 이 과정에서는 앞서 말한 정부의 적극적인 노동시장정책이 필수적으로 요구된다.

균형발전: 수도권 집중 억제와 지역균형발전

우리나라 경제에서 부자와 빈자, 대기업과 중소기업, 그리고 기업주와 노동자 사이에만 왜곡된 불균형이 존재하는 것은 아니다. 또 다른 불균형과 격차는 바로 서울 대 지방으로 대표되는 지역 사이의 불균형이다. 돈과 권력, 그리고 사람과 지식이 점점 더 서울로만 집중되어, 서울과 지방의 격차는 점점 더 커지고 있다.

수도권 집중과 지역 불균형

인구의 수도권 집중과 지역 불균형은 이미 오래전부터 문제가 되어 왔다. 우선 서울과 경기지역을 포함하는 수도권은 국토면적의 11.8%에 불과하지만, 이곳에 전체 인구의 절반가량이 몰려 있다. 수도권 인구의 비중은 고도성장과 더불어 1970년 28.3%에서 1980년 35.5%, 1990년 42.8%, 2000년 43%로 급격히 높아졌으며, 그 이후에도 계속 상승하여 2005년에는 무려 48%에 이르렀다. 반면 1970년 이후 호남권 인구의 비중은 21%에서 11%로, 강원과 제주는 7%에서 4%로 크게 감소했으며, 영남과 충청권도 인구의 비중이 감소했다. 특히 국토면적의 약 2%인 수도권 내 과밀억제권역에 전국 인구의 39.1%가 몰려 있으며, 국토면적의 약 0.6%인 서울에만 전체 인구의 21%가 집중되어 있다.

우리나라의 수도권 인구 집중은 그 정도가 극심할 뿐만 아니라 수십 년 동안 지속되어 왔다는 특징을 지닌다. 물론 유럽도 수도권의 집중도가 심각한 편이지만, 그래도 영국 런던권역의 인구는 전체 인구의 약 26%, 프랑스 파리권역의 인구는 약 19%에 불과하다. 아울러 두 나라 모두 전국 인구와 수도권 인구의 증가율이 수십 년 동안 거의 같은 수준이었다. 또한 수도권 집중이 심각하다는 일본과 멕시코 같은 나라도 수도권 인구의 비중이 25%를 넘지 않는데, 이처럼 우리나라의 수도권 인구 집중은 싱가포르 같은 도시국가를 제외하면 전 세계적으로 그 유례가 없으리만큼 심각한 수준이다.

수도권의 과밀한 집중은 인구만이 아니다. 수도권 지역 내의 총생산액이 GDP에서 차지하는 비중도 인구와 거의 비슷한 수준이며, 2003년 현재 수도권의 제조업 사업체는 전체의 57%, 2004년 현재 수도권의 예금액은 전체의 68%를 차지하고 있다. 즉 산업과 금융 모두 서울과 수도권에 집중되어 있는 것이다. 이와 함께 지역 간 소득격차가 1990년대 이후 점점 확대되었고, 특히 1997년 외환위기 이후에 크게 높아졌다. 지역 내 1인당 총생산의 지니계수를 보면, 1997년 0.09에서 2000년 0.16, 그리고 2008년에는 0.19로 크게 상승하여, 각 지역들 사이의 소득불평등이 심화되고 있음을 알 수 있다.

지역 내 1인당 총생산액이 가장 높은 지역은 산업이 활발하고 공장이 많은 울산이며, 충남과 경북도 서울보다 높은 수치를 기록하고 있다. 그러나 1인당 개인소득은 역시 서울이 가장 높다. 통계청에 따르면, 2009년 현재 지역별 1인당 개인소득은 서울이 1580만 원, 울산이 1547만 원인데 비해, 강원도는 1154만 원, 전남은 1110만 원으로 큰 차이를 보였다. 결국 최근에는 울산과 서울처럼 생산과 소득이 높은 지역과 상대적으로 낙후된 지방의 격차가 더욱 커지고 있는 것이다.

지역 불균형은 자산소득에서도 나타나는데, 2004년부터 2008년까지 5년간의 주택가격 상승률은 수도권이 36.2%로, 비수도권에 비해 4배 이상 높았다. 어음부도율은 수도권이 2004년 0.14%에서 2008년 0.12%로 낮아졌지만, 비수도권은 같은 기간에 0.49%에서 0.64%로 높아져 두 지역 간의 격차가 0.34% 포인트에서 0.52% 포인트로 커졌다. 또한 은행점포 수 역시 수도권은 1997년 3413개에서 2008년 3806개로 11.5% 증가했지만, 비수도권은 2575개에서 1543개로 40.1% 감소했다.

수도권 집중의 폐해와 국토의 균형발전

이러한 수도권 집중과 지역 불균형의 심화는 낙수경제론의 또 다른 결과로서, 경제의 왜곡과 사회적 갈등의 심화를 비롯한 여러 가지 심각한 문제를 낳을 수 있다. 수도권 집중이 심화되면 수도권의 주택·교통·교육문제 등이 더욱 악화되어, 삶의 질이 심각하게 저하될 수 있다. 예컨대 서울에는 가뜩이나 학교가 부족하고 지방에는 학생들이 모자라는 불균형한 상황에서 계속 많은 사람들이 서울로 몰려드는 탓에, 이러한 교육문제가 더욱 악화되고 있다. 결국 수도권 집중으로 인해 수도권의 땅값·집값·교육비·물류비 등이 오르고 이는 다시 비용 상승으로 이어져, 장기적으로는 경제의 효율성이 낮아지고 성장이 저해되는 결과를 빚게 되는 것이다.

실제로 과도한 수도권 집중은 수도권 자체의 경쟁력과 생산성을 떨어뜨리고 있다. 앞에서도 보았듯이, 수도권의 지역 내 1인당 총생산액은 전국 평균보다 낮은 수준이며, 최근에는 그 격차도 약간 확대되고 있다. 그뿐만 아니라, 수도권으로 유입된 상당수의 인구가 도시의 저소득층으로 전락하고 지역 간의 격차가 커짐으로써 사회적 갈등과 불안이 야기될 수도 있다. 또한 지역 간의 성장 격차는 곧 지역감정과 대립을 낳고 이는 지역주의 정치로 이어져, 우리 사회의 실질적 민주주의를 가로막아 오기도 했다.

수도권 집중이 이렇게 심각해지는 것은 역시 일자리와 교육문제 때문이라고 할 수 있다. 많은 젊은이들이 취업을 위해 수도권으로 모여들고 있으며, 대학도 서울에서 나오려고 노력한다. 또한 지방에서 자녀를 교육하면 현실적으로 명문대학에 보내기가 어렵기 때문에, 많은 사람들이 자녀의 교육을 위해 어떻게든 서울로 이사하고자 안간힘을 쓰고 있다. 그러므로 이러한 문제를 해결하려면, 국토의 균형발전을 위한 정부의 적극적인 노력이 무엇보다도 필수적이다. 기업들이 지방에 공장을 짓도록 강력히 유도하고, 지방에서 학교를 다녀도 좋은 대학에 갈 수 있도록 여러 가지 정책대안들을 강구해야 한다. 예컨대 지방에서 이루어지는 기업 활동에 대해 세금을 감면해주고, 금융 지원을 강화하는 식으로 말이다. 또한 대학입시에서 지역균형 선발제도를 확대하여 지방 학생들에게 기회를 넓히는 등의 방안들도 고려해 볼 수 있다.

국토의 균형발전과 이를 통한 삶의 질 개선은 시장에서 제공되기 어려운 공공재의 성격을 띠기 때문에, 당연히 정부의 몫이다. 이러한 노력에 기초하여 수도권 집중을 완화하고 지방경제를 활성화함으로써 전국의 조화로운 발전을 지향하는 것이 바로 분수경제론의 균형발전 전략이다. 이미 우리나라 헌법 123조 2항에 "국가는 지역 간의 균형 있는 발전을 위하여 지역경제를 육성할 의무를 진다"라고 명시되어 있듯이, 우리나라 국민들은 어디에 살더라도 공공재를 평등하게 누릴 권리가 있음을 잊지 말아야 한다.

역대 정부들은 나름대로 균형발전을 꾀하고 수도권 집중을 막기 위한 정책들을 도입해 왔다. 비록 큰 효과를 보지는 못했지만, 수도권 규제를 강화하는 움직임은 이미 노태우 정부에서부터 시작되었다. 그리고 이후 특히 노무현 정부는 규제 위주의 분산정책이 지니는 한계를 인식하고, 수도권 과밀 문제를 근본적으로 해결하여 수도권과 지방의 상생발전을 이루고자 국가균형발전법을 제정했다.

아울러 노무현 정부는 선거공약대로 새로운 행정수도 건설과 정부부처 이전을 추진했는데, 2003년 신행정수도건설특별법이 국회를 통과했음에도 이후 불거진 천도론으로 사회적 혼란이 커졌고, 결국 2004년에 헌법소원이 제기되어 위헌 결정이 내려졌다. 이에 노무현 정부는 본래 계획보다 축소된 규모로 '행정중심복합도시 건설을 위한 특별법'을 2005년 국회에서 통과시켜, 16개 중앙행정기관의 세종시 이전을 추진했다. 노무현 정부의 국가균형발전계획은 정치적 반대와 혼란으로 인해 제대로 추진되지 못했지만, 그 근본철학은 분수경제의 논리와 일맥상통한 것이었다.

수도권 규제를 완화하는 현 정부의 정책 방향

그러나 현 정부 들어서는 기업의 투자 확대와 경제 활성화를 위해 수도권 규제를 완화하자는 목소리가 더욱 높아졌다. 무엇보다도 기업은 땅값 상승도 기대되고 판로와 인력을 확보하기에도 용이한 수도권에 공장을 짓고 싶어 하고, 지방자치단체와 주민들은 세수와 집값이 상승하는 이득을 볼 수 있기 때문에, 이러한 주장이 힘을 얻고 있는 것이다. 현 정부 또한 낙수경제의 논리에 기초하여, 기업에 최대한 도움이 되게끔 수도권 규제를 완화하는 방향으로 정책을 이끌어 오고 있다. 시장에 모든 것을 맡겨 경제를 살리겠다는 현 정부의 신자유주의적인 입장에 따르면, 수도권 집중을 억제하기 위한 규제와 지방에 대한 지원, 그리고 공공기관의 지방 이전은 국가경쟁력 강화에 도움이 되지 않는다는 것이다.

현 정부는 2008년 7월에 '5+2 광역경제권 정책'을 발표하여 기업의 수도권 입지에 관한 제도를 다른 지방들과 동등한 수준으로 완화하고 인센티브를 도입했으며, 9월에는 국가균형발전법을 지역발전특별법으로 전면 개정했다. 또 10월에는 대기업이 수도권 산업단지에 공장을 신설할 수 있도록 허용하고, 서울에 첨단산업단지 개발을 허용하는 '국토이용 효율화 방안'을 발표했다. 아울러 2009년 3월에는 수도권 공장의 증설에 관한 규제를 더욱 완화했으며, 5월에는 '2020년 수도권 광역도시 계획'을 변경하여 2020년까지 그린벨트 지역을 해제하는 계획을 발표했다.

나아가 현 정부는 2010년 1월에 행정기관들의 이전을 백지화하는 '세종시 수정안'을 발표했는데, 이는 야당과 국민들의 엄청난 반대에 직면했다. 노무현 정부의 기존 계획을 완전히 뒤엎는 이 계획은 서울과 수도권 지역의 표를 얻기 위한 정치적 이해도 고려한 것이었지만, 결국 6월 국회에서 부결되고 말았다. 그럼에도 이명박 정부의 수도권 규제 완화는 여전히 계속되고 있다. 2011년 1월에는 이명박 대통령이 대기업 총수들과 만난 자리에서 기업의 연구개발센터를 서울과 수도권에 설립할 수 있도록 지원하겠다고 밝히기도 했다.(경향신문, 2011년 1월 25일자)

요컨대 주민들이 수도권 규제의 완화를 주장하는 것은 자신과 자기 지역의 좁은 이해만을 생각하는 근시안적인 사고이며, 정부가 백년대계인 국토의 균형발전을 포기하는 것은 중장기적으로 우리나라 경제를 더욱 왜곡시키는 길이다. 다음 정부는 더욱 강력한 의지로 수도권의 과도한 집중을 막고 서울과 지방의 격차를 줄일 수 있는 효과적인 정책들을 도입해야 할 것이다.

부동산: 부동산 안정과 가계부채 잡기

우리나라의 부동산가격이 세계적으로도 높은 수준이라는 사실은 이미 잘 알려져 있다. GDP 대비 전체 땅값의 비율이나 근로자 평균소득 대비 집값의 비율은 세계 최고 수준이다. 일례로, 일반적인 도시근로자 임금으로 서울에서 25평짜리 집을 마련하려면 무려 18년이나 걸린다는 계산이 나온다.

너무 커진 부동산시장의 버블

우리나라의 부동산 보유 현황은 소득분포에 비해 몇 배나 더 불평등하다. 2005년도 행정자치부 통계에 따르면, 총인구의 1%가 전체 사유지 면적의 51.5%를 차지하고 있으며, 상위 10%가 91.4%를 보유하고 있다. 가격으로 환산하면, 상위 1%가 전체 지가의 37.8%인 433조 원을, 상위 10%가 전체의 82.5%인 945조 원을 보유하고 있는 것이다. 주택의 경우에도 이와 비슷하여, 국민의 절반가량은 여전히 무주택자인 반면 전체의 2%도 안 되는 세대가 5채 이상의 주택을 보유하고 있다. 이러한 상황이기 때문에, 부동산가격의 상승은 서민들의 생활을 더욱 어렵게 만들고 불평등을 더욱 심화해 왔다.

이러한 문제는 정부도 익히 잘 알고 있다. 그리하여 노태우 정부 당시에는 토지 공개념이 도입되기도 했으며, 노무현 대통령은 정권을 걸고라도 부동산을 잡겠노라고 공언했던 것이다. 그러나 지난 정부가 종합부동산세 도입 등의 다양한 노력을 기울였음에도, 2000년대 이후 우리나라의 부동산가격은 서울의 아파트를 중심으로 계속 상승했다. 〈그림7〉은 전국 주택과 서울 아파트가격의 변화를 보여준다. 그런데 지난 정부와 달리, 현 정부는 오히려 종합부동산세를 무력화하고 부동산과 건설에 대한 각종 규제를 완화함으로써 부동산시장을 떠받치고자 안간힘을 쓰고 있다. 그리하여 부동산시장의 버블은 더욱 커졌으며, 이는 빈부격차를 심화하고 부와 가난을 대물림하는 주요한 요인이 되어 분수경제론의 실현을 가로막고 있다.

그러나 이렇게 너무 커진 부동산시장의 버블은 언젠가 꺼지기 마련이며, 이미 우리나라의 경우에도 버블의 붕괴를 우려하는 목소리가 제기되고 있다. 2007년 이후 미국에서 시작된 글로벌 금융위기의 가장 중요한 원인 가운데 하나도 부동산시장의 버블이 붕괴한 것이었는데, 위기 이후에는 미국뿐만 아니라 전 세계에서 부동산가격이 크게 하락했다. 현 정부가 다양한 수단으로 부동산시장을 지원하고는 있지만, 〈그림7〉에서 보았듯이 우리나라의 경우에도 이미 2009년 이후 심각한 경기침체와 함께 부동산시장이 정체하고 있다. 물론 다른 국가들에 비하면 하락폭이 별로 크지 않지만, 오히려 그렇기 때문에 앞으로 버블의

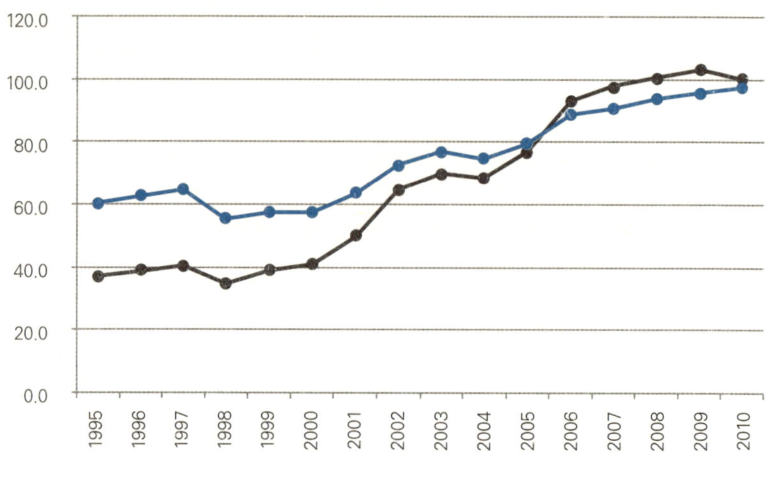

자료: 국민은행
주: 2011년 6월을 100으로 계산한 값

붕괴가 더욱 우려되고 있는 상황이다.

부동산시장의 버블과 그 붕괴가 심각한 문제로 대두되는 것은, 지속하기 어려운 수준으로 너무 높아진 가계부채 때문이다. 한국은행에 따르면 2011년 2분기 현재 우리나라의 가계부채는 총 876조2678억 원으로 사상 최대치를 기록했는데, 이는 1분기에 비해 무려 18조9천억 원이 넘게 증가한 것이다. 우리나라의 가계부채는 지난 2010년 2분기에 800조 원을 돌파한 이후 4분기에는 846조 원, 2011년 1분기에는 857조 원을 넘어서는 등, 분기별로 10조 원이 넘게 급등하고 있다.

우리나라 가계부채의 심각성

이제 대부분의 전문가들과 기관들이 가계부채의 심각성을 경고하고 있으며, 심지어 금융당국의 수장인 금융위원장은 '가계부채를 생각하면 잠이 안 온다'고 토로하기도 했다. 우리나라의 가계부채는 2000년 말 214조 원 수준이었지만, 2000년대 내내 지속적으로 늘어나서 10년 만에 3배 이상으로 증가했다. 가처분소득과 비교한 가계부채의 액수도 1997년 0.93배였던 것이 현재는 1.5배에 달한다. 이러한 가계부채의 급증은 역시 부동산시장의 버블과 큰 관련이 있다. 2000년대 이후 경기부양을 위한 저금리 기조가 지속되고 집값이 오르자, 사람들은 주택담보대출을 통해 주택 구입에 나섰고, 금융기관들도 기업대출보다는 쉽게 수익을 낼 수 있는 가계대출에 치중하면서 이러한 현상을 더욱 심화시켰다. 특히 제일은행을 비롯하여 외환위기 이후 외국계 자본에 인수된 여러 은행들이 이러한 변화를 주도했다.

가계부채 문제의 또 다른 배경은 역시 소득과 자산의 불평등으로 대표되는 양극화의 심화라고 할 수 있다. 비정규직의 확대 등으로 인해 임금과 소득이 정체된 상황에서도 교육비와 주거비는 더욱 높아졌으며, 그리하여 기존의 소비 수준을 유지하기 위해 빚을 내는 가계가 늘어났던 것이다. 이에 따라 〈그림8〉이 보여주듯이, 외환위기 이전에 20%를 넘었던 우리나라의 가계저축률이 양극화의 심화와 더불어 5% 미만으로 급속히 하락했다. 그리고 물론 소득상위계층에 비해 하위계층의 저축률 하락이 더욱 심각했으며, 이러한 저축률 하락은 장기적으로 투자와 성장잠재력을 약화시킬 가능성이 높다. 결국 1997년 이후에

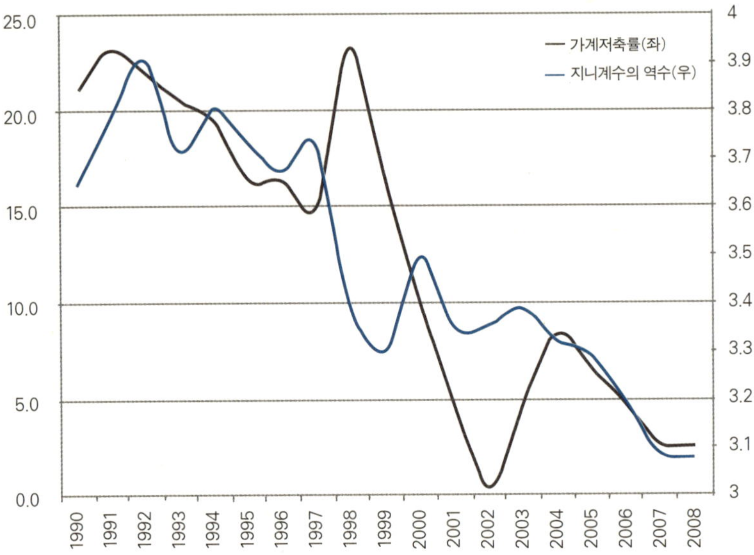

우리나라의 금융시스템이 변화한 상황에서, 소득분배의 양극화와 부동산시장의 버블, 그리고 가계부채의 증가가 서로를 부추기며 악순환을 보였던 것이다.

문제는 우리나라의 가계부채가 그 규모뿐만 아니라 상환 능력의 측면에서도 매우 취약하다는 점이다. 개인가처분소득 대비 개인부채의 비율이 2010년 말 현재 이미 146%에 이르렀는데, 이는 OECD 주요 회원국들보다 높은 수준일 뿐만 아니라 2007년 서브프라임위기 발생 당시의 미국보다도 높은 수준이다. 게다가 우리나라의 부동산 관련 가계대출은 그 구조도 매우 취약하다. 거액의 대출인데도 대부분 변동금리대출이고, 만기 3년 정도의 단기대출이 큰 비중을 차지하며, 이자만 상환하다가 마지막에 원금을 전부 상환하는 방식의 대출도 많기 때문에, 부동산가격이 하락세로 돌아설 경우에 자금을 대출받은 가계가 엄청난 어려움에 처할 가능성이 높다.

게다가 유럽의 재정위기, 미국의 더블딥, 그리고 중국의 경기침체로 인해 세계경제가 다시 위기상황에 빠지면, 국내 경기도 악화되면서 부채상환 능력은 더욱 떨어질 것이다. 그리하여 빚을 갚지 못하게 된 가계가 부동산을 내놓으면 부동산 가치가 더욱 폭락하고, 이는 다시 소비 위축과 경기 침체로 이어진다. 그리고 이와 더불어 프로젝트 파이낸싱을 통해 부동산 건설 및 개발에 자금을 대출해 준 금융기관들의 어려움이 심화되면, 부동산발 금융불안이 나타날 수도 있다. 실제로 최근 여러 저축은행들이 부동산 관련 자산의 부실로 인해 영업정지를 당하기도 했는데, 이처럼 버블 붕괴로 인해 금융부문이 부실화되면 우리나라 경제도 일본이나 미국이 겪었던 심각한 금융위기나 복합불황에 빠질 수 있다.

가계부채 문제를 해결하는 길

금융당국은 지난 6월 말에야 뒤늦게, 가계부채를 관리하고 고정금리 및 비거치식 분할상환 대출을 확대하도록 유도하는 내용의 가계부채 종합대책을 발표했다. 그러나 저금리의 지속과 전세가 및 물가의 상승 등으로 인해, 이후 7~8월 두 달간 가계대출은 오히려 10조2000억 원으로 급등했다. 그러자 이에 당황한 금융당국이 급기야 은행의 가계대출 총량 규제를 추진하면서 일부 은행들은 대출을 중단하는 사태까지 벌어졌으며, 제2금융권의 대출이 크게 증가하기도 했다.

　　가계부채 문제를 해결하기 위해서는 무엇보다도 무리한 거시경제 부양을 포기하고, 버블이 급속하게 꺼지지 않도록 연착륙을 유도해야 한다. 또한 부동산시장의 버블을 유지하기 위한 규제 완화나 토건사업 등의 노력을 중단하고, 총부채상환비율 등의 규제와 부동산 관련 세금을 보다 강화할 필요가 있다. 예를 들어, 우리나라의 부동산 거래세는 다른 선진국들보다 높지만, 보유세는 훨씬 낮은 수준이다. 이제 우리나라도 부동산시장의 과열을 막고 세수도 확보하는 차원에서, 부동산 보유세를 다른 선진국들과 비슷한 1% 수준으로 올릴 필요가 있다.

금융: 금융감독 강화와 금융독과점 해소

최근 더욱 심각해진 가계부채 문제는, 우리나라의 금융시스템 자체가 구조적으로 변화했으며, 그와 동시에 정부가 금융 감독 및 규제의 역할을 제대로 수행하지 못했기 때문이다. 따라서 금융시스템을 효과적이고 공정하게 관리하기 위한 노력과 더불어, 성장과 안정, 그리고 형평을 제고하는 금융시스템을 확립하기 위한 정책 변화가 요구된다.

금융감독체계의 문제점과 개혁 방안

저축은행 사태를 비롯하여 요즈음 발생하고 있는 일련의 금융기관 부실 및 금융감독 부실 사태 역시 그 담당자의 탓으로만 돌리기에는 문제의 뿌리가 아주 깊다. 현 정부는 부동산시장의 버블을 무리하게 지탱하고 있을 뿐만 아니라 금융기관에 대한 적절한 감독도 방기함으로써, 결국 금융시장과 서민생활의 불안을 가중시키고 있다.

최근 영업정지를 당한 부산저축은행은 영업정지 전날 친인척 및 핵심 고객 등의 예금을 불법으로 인출했을 뿐만 아니라, 대주주에 의한

위장대출과 분식회계, 약탈적 배당 등의 불법행위를 저질러 충격을 던져주었다. 또한 이 과정에서 금융감독원 출신의 감사들이 저축은행 대주주들의 비리와 탈법, 불법대출과 분식회계를 방조한 정황도 드러났다. 금융감독을 담당하던 사람들이 금융기관에 재취업하여 감독 당국과 유착관계를 형성하는 것은 어제오늘의 일이 아니다. 실제로 2006년에서 2010년까지 금감원에서 퇴직한 2급 이상의 직원 88명이 전원 금융기관에 재취업했는데, 그 가운데 82명이 감사였다.

더 나아가 뇌물수수와 로비 등을 통해 이루어지는 정치권과 금융기관의 유착관계도 비판받고 있다. 최근 저축은행들은 기업의 부동산 담보대출과 부동산 PF(프로젝트 파이낸싱) 대출을 크게 늘렸고, 그 때문에 부동산 경기의 하락과 더불어 위험이 더욱 높아졌는데, 경영 책임자들은 이에 대응하지 못했다. 이에 당국은 부실 저축은행의 인수를 촉진하면서 대형화를 유도했지만, 리스크에 대한 정보 공개와 감독에는 실패했다. 그런데 사실 저축은행 부실대출에 대한 감사는 이미 2008년부터 지연되고 있었으며, 또한 2008년 12월에 이미 부산저축은행 임원들이 PF 불법대출로 기소된 상태에서 자산관리공사가 이듬해 3월에 그 PF 대출을 매입하는 일도 벌어졌다. 그러니 당연히, 저축은행의 도덕적 해이와 감독 실패뿐만 아니라 정치적 압력을 지적하는 비판의 목소리도 높아지고 있는 것이다.

결국 최근의 저축은행 문제는 서민을 외면하는 정부의 금융감독 실패가 기득권자들의 도덕적 해이 및 왜곡된 정책 결정 및 집행구조와 결합하여 비롯된 것이었다. 그리고 그 와중에 저축은행의 영업정지로 가장 큰 피해를 입은 사람들은, 1%라도 더 높은 금리를 얻기 위해 저축은행에 돈을 맡긴 서민이었다.

이러한 사태를 고려할 때, 먼저 금융감독체계의 전반적인 개혁이 필요하다. 현재 우리나라의 금융당국은 정책 기능과 감독 기능을 함께 맡고 있어 책임 소재가 불분명하며, 또한 감독과 집행은 금감위와 금감원으로 분리되어 있어 정보의 흐름과 자원의 배분에 효율성이 떨어지기 때문에, 금융당국과 금융산업 사이에서 유착과 비리가 발생할 가능성이 높다. 그러므로 금융감독 기능을 정부로부터 독립시키고, 책임성과 효율성을 높이기 위한 개혁이 필요하다. 또한 금융감독 업무의 전문성을 위해 외부 전문가의 영입을 추진하고, 임직원의 책임 강화를 위한 조치를 도입하고, 한국은행에 단독조사권을 부여하고, 예금보험공사의 적기 시정조치 참여를 허용하는 등, 관련기관들의 역할도 새로이 설정할 필요가 있다.

다만 한국은행에 단독조사권을 부여하는 문제는 금융검사의 중복과 금융기관의 피검사비용 증가로 인한 한국 금융시장의 경쟁력 저하로 이어질 소지가 있음을 고려해야 한다. 이를 극복하기 위한 방법으로, 개별 금융기관에 대한 임점검사를 금융감독원과 한국은행이 매년 번갈아 실시하면 금융기관의 피검사비용이 증가하는 것을 막을 수 있을 뿐만 아니라, 검사기관 사이에 견제와 균형이 이루어지고, 검사기법 및 검사서비스가 경쟁적으로 향상되며, 검사기관과 피검사 금융기관 사이의 유착가능성이 줄어듦으로써, 한국 금융시장의 경쟁력이 제고될 수 있을 것이다.

이와 함께 여전히 취약한 금융소비자를 보호하려는 노력도 제고되어야 한다. 이번 저축은행 사태의 경우에도 공시, 거래약관, 광고, 담합을 비롯하여 금융소비자 보호와 관련된 내용들이 주요한 쟁점이었다. 미국의 경우에도 글로벌 금융위기 이후 금융개혁 과정의 중요한 일환으로, 금융기관의 약탈적인 행태를 억제하기 위해 금융소비자보호청(Consumer Financial Protection Bureau)이 설립되었다. 그리고 최근 월가의 시위대들도 이 소비자보호기구의 권한을 더욱 강화하라고 요구하고 있다. 그러나 우리나라의 경우에는 저축은행 사태 이후의 금융개혁을 위해 금융감독혁신 태스크포스가 설치되었지만 깊이 있는 논의는 전혀 이루어지지 않았고, 최근 금융위원회가 금융소비자보호원을 산하기구로 설치하는 내용의 타협안을 내는 데에 그쳤다.

균형적인 경제성장을 위한 금융시스템

감독체계를 개혁한다 하더라도, 우리나라 금융의 문제가 모두 해결될 수 있는 것은 아니다. 현재 우리나라 금융은 재벌대기업과 부자들에게만 저금리로 풍부한 유동성을 공급하고 중소기업과 서민들에게는 문턱을 높임으로써 양극화를 더욱 심화시키고 있다. 특히 은행들은 기업에 대한 신용대출보다 가계에 대한 부동산 담보대출에만 치중함으로써, 새로운 부의 창출과 경제성장을 지원하는 금융 본연의 중개 기능을 외면하고 있다. 또한 단기적인 이윤만을 추구하는 금융기관의 지나친 수익 위주 경영은 제조업을 비롯한 다른 부문의 수익과 성장을 억압하고 있으며, 금융부문의 지나친 고임금도 부작용을 낳고 있다.

이러한 현실은 1997년 외환위기 이후 신자유주의 경제구조조정이 도입되면서 우리나라의 금융시스템이 보다 개방적이고 시장중심적인 방향으로 구조적인 변화를 겪었다는 사실과 관련이 크다. 우리나라 정부는 IMF의 주장에 따라 기존의 경제발전모델을 위기의 근본원인으로 파악하고, 기업·금융·노동 부문 등의 구조조정을 통해 시장중심적이고 개방적인 신자유주의 경제발전모델로 전환하고자 노력했다. 그리고 이러한 과정에서 은행권은 기업의 부채 축소와 구조조정을 배경으로 기업대출을 크게 줄이고, 가계대출을 급속히 증가시켰다. 실제로 1998년 가계대출은 예금은행 대출금 총 200조 원 가운데 27.7%인 55조5천억 원이었는데, 그 뒤로 가계대출이 급증하여 2005년에는 총 대출금 가운데 가계대출의 비중이 거의 절반으로 높아졌으며, 이후 안정세를 보이고 있다. 이로 인해 외부자금이 필요한 중소기업의 투자는 상당히 위축되고 부동산시장의 버블이 더욱 자극되어, 앞에서 지적했듯이 현재 우리나라 경제를 취약하게 만들고 있다.

이러한 문제를 극복하고 국민경제의 안정적이고 균형 있는 성장을 이루려면, 새로운 금융시스템을 확립하려는 노력이 필요하다. 먼저 금융부문의 공공성을 확보하고, 빈곤층과 중소기업의 금융 소외를 극복해야 한다. 즉 미국의 지역재투자법 같은 규제를 도입하거나 상호저축은행·새마을금고·신용협동조합 등을 활성화하여 빈민층과 중소기업의 대출을 촉진하고, 아울러 정부 스스로도 공공성에 기초하여 서민금융 지원에 노력을 기울여야 하는 것이다.

1977년에 카터 정부가 도입한 미국의 지역재투자법은 금융기관으로 하여금 자산의 일정 비율을 지역개발기관과 빈곤층, 중소기업에 대출하도록 했다. 또한 유럽 국가들도 금융의 공적인 기능을 강조하면서, 정부나 지방자치단체의 지역금융기관들을 통해 소외층에 대한 대출을 시행하고 있다. 서민금융을 지원하려면 저소득층 대상 대출이윤에 대한 세금을 감면하고, 서민금융 이용자의 이자소득에 세금을 부과하지 않으며, 동시에 고리대 문제가 심각한 사금융을 강력히 규제할 필요가 있다. 이러한 노력은 분수경제를 활성화하는 핵심적 금융정책이다.

이와 함께 대기업과 부자들의 이해에 사로잡힌 정부의 눈치만 살피면서 저금리와 고환율 정책에 매달려온 중앙은행을 개혁하고, 아울러 금융통화위원회의 중립성을 강화하는 것도 필수적이다. 또한 부실이 심각한 제2금융권을 개혁함과 동시에 지방은행의 규모와 역할을 확대함으로써, 지역경제와 중소기업에 대한 지원을 촉진해야 한다. 즉 한국은행의 자금 지원, 세금 혜택, 지점 설치 우선권 등을 제공하여 지방은행을 육성하는 한편으로, 지역에 대한 재투자와 서민 및 중소기업에 대한 대출의 한도 등을 제정하여 지방은행을 규제할 필요가 있다.

차별적인 세금 부과 등을 통해 금융권의 기업대출을 촉진하고, 연간증가율 규제를 비롯하여 부동산 관련 가계대출을 억제하는 정책수단도 도입해야 한다. 또한 이미 거래량에서 세계 최고 수준인 주식 관련 선물시장을 규제하고, 파생금융상품과 시장에 대한 감독·감시를 강화하며, 외국자본의 국내 금융시장 교란과 불공정거래를 방지할 수 있는 시스템을 구축해야 한다. 마지막으로 금융기관 경영의 전문성을 강화하고, 특히 검사기관과 피검사기관이 야합하는 행태를 억제하기 위해 금융기관의 감사 자격을 엄격히 제한해야 한다.

소수의 큰 은행이 아니라 다수의 작은 은행이 필요하다

한편, 최근 우리나라의 은행부문은 인수합병 등을 통해 몸 불리기를 적극적으로 추구하고 있으며, 정부는 자본시장통합법을 통과시키고 각종 금융규제를 완화함으로써 금융산업의 국제경쟁력 제고를 위한 겸업화와 대형화에 힘쓰고 있다. 그러나 2007년 이후 미국의 글로벌 금융위기에서도 뚜렷이 알 수 있듯이, 금융기관의 대형화는 금융시장에 대마불사(too big to fail)의 도덕적 해이를 초래하여 금융시스템 전체의 위험을 더욱 커지게 한다.

지금 우리나라 금융시장에 필요한 것은 대형은행이 아니라 실물규모에 비해 상대적으로 작은 금융산업 규모를 키우는 것이며, 따라서 인수합병 등을 통해 기존의 금융기관을 대형화하기보다는 금융산업의 진입규제를 완화함으로써 경쟁을 강화할 필요가 있다. 예컨대 전국적인 영업이 가능한 은행의 설립자본금 기준을 보면, 우리나라는 무려 1000억 원(지방은행은 250억 원)인 데 비해 미국은 고작 200만 달러(약 22억 원)이며, 독일과 영국도 500만 유로(약 75억 원)에 불과하다. 특히 독일과 영국을 비롯한 유럽연합 국가들의 경우에는 어느 한 나라에서 받은 은행업 인가를 가지고 유럽연합 전체에서 제한 없이 지점을 내고 영업할 수 있는데, 미국이나 유럽연합에 비해 경제규모가 훨씬 작은 우리나라에서 그보다 훨씬 많은 자본금을 요구한다는 것은 지나치다고 할 수밖에 없다.

이렇게 볼 때, 현재 거론되고 있는 우리은행과 외환은행, 그리고 부실 저축은행들에 대한 기존 금융기관들의 인수 노력은 분수경제론의 입장에서 결코 바람직하지 않다. 현재 우리나라 금융시장은 바람직한 전체 금융시장 규모로 볼 때 은행 수가 절대적으로 부족한 상태이며, 따라서 은행 수를 늘릴 필요가 있다. 그래야 금융시장에서 대마불사의 위험을 줄일 수 있으며, 은행의 독과점 행위에 따른 초과이익 향유와 과도한 임금구조, 그리고 주로 외국인의 비중이 높은 주주에 대한 고배당과 그로 인한 국부의 과도한 유출을 막을 수 있다. 그뿐만 아니라 은행 수의 증가는 양질의 일자리를 늘리고 일부에 국한된 고임금 구조를 낮춤으로써 훨씬 더 많은 금융근로자들이 적정한 임금을 받게 되고, 국부의 외국 유출을 막아 국내 소비수요를 늘림으로써 내수경제가 부양되는 효과를 거둘 수 있다.

금융기관의 대형화를 주장하는 측은 국내 금융기관의 국제경쟁력 강화와 건전성 제고 등을 내세우지만, 2008년 서브프라임 세계금융위기 당시에 주로 대형 금융기관들이 망하여 국가경제에 해악을 끼친 사례를 보더라도, 그러한 근거는 완전히 허구에 불과하다. 대부분의 금융전문가들도 은행의 건전성과 국제경쟁력은 외형적인 규모와 별다른 상관성이 없다는 데에 동의하고 있다.

최근의 월가 시위도 직접적으로는, 금융위기로 인해 시민들이 고통을 당하는 와중에 월가 금융기관들이 천문학적 구제금융을 받아 보너스 잔치를 벌인 데에 대한 분노의 표출이었다. 월가 금융가들은 선거운동자금 지원, 월가와 워싱턴 정관계 사이의 회전문 인사 등을 통해 미국 정치에 엄청난 영향을 미치면서 금융규제 완화를 관철시켰으며, 그 덕분에 금융산업은 급속히 팽창했다. 그러나 그 결과는 금융시스템의 파산이었고, 이제 시민들은 위기 수습의 부담만 사회화되고 이득은 사유화되는 현재 상황에 맞서 저항하고 있는 것이다.

우리나라의 상황도 미국과 크게 다르지 않다. 2011년 현재 서민들은 고실업과 고물가로 고통당하고 있지만, 은행들은 높은 예대마진과 보유주식 처분 같은 손쉬운 방법을 통해 역대 최고치인 연간 30조 원의 순이익을 기록할 전망이다. 이에 따라 우리나라의 은행들도 고액의 성과급 등 보너스를 지급할 가능성이 큰데 이에 대한 시민들의 비판적인 목소리도 한층 높아지고 있다.

국제금융:
금융위기 방지를 위한 자본흐름의 규제

우리나라 금융의 또 한 가지 심각한 문제점은 바로 과도한 금융개방과 그로 인한 거시경제의 불안정성이다. 1980년대 말까지 외국자본을 강력히 통제하는 가운데 경제성장에 성공한 우리나라 경제는, 1990년대 초반 이후 급속한 자본자유화를 실시했다. 당시 힘이 강해진 국내 재벌과 미국 정부 등의 압력을 배경으로, 1990년대 초 김영삼 정부가 금융기관들의 단기해외차입을 급속하게 자유화했던 것이다. 그러나 그 결과는 단기대외부채의 급증이었고, 재벌과 금융기관들이 지닌 자금조달구조의 취약성은 결국 1997년 외환위기로 폭발하고 말았다.

자본자유화에서 자본통제로

외환위기 이후에는 IMF의 구조조정 정책이 시행됨에 따라 주식과 채권시장을 비롯한 자본시장의 완전 개방이 이루어짐으로써, 금융개방이 더욱 강화되었다. 그리고 그로 인해 국내 주식과 채권에 대한 외국인 포트폴리오 투자와 직접 투자가 크게 증가했는데, 이와 함께 외국자본

유·출입의 불안정으로 인해 거시경제의 불안도 크게 높아졌다.

1997년과 2008년 경제위기는 모두 외국자본의 급속한 유출로 촉발되고 증폭된 것이었고, 2000년대 중반 이후에는 조선업체를 비롯한 수출업체들이 환율 헤지를 목표로 선물환을 매각하는 과정에서 금융기관의 단기해외차입이 급증하여, 금융시스템을 매우 취약하게 만들었다. 아울러 최근에는 국내 채권에 대한 해외자본의 투자가 급등하여, 이 자본이 급속히 다시 빠져나갈 경우 또 다른 경제 불안으로 이어지지 않을까 우려되고 있다.

현실이 이러한데도, 우리나라 정부와 적지 않은 경제학자들은 여전히 신자유주의와 금융시장에 대한 믿음을 바탕으로 금융개방과 세계화에 긍정적인 태도를 취하고 있다. 그러나 IMF의 연구를 포함한 최근의 경제학 연구들은 금융세계화와 외국자본 유입이 경제성장을 촉진한다는 증거가 미약하다고 보고한다. 특히 적절한 규제 없이 도입된 자본자유화와 금융개방은 금융 불안정을 심화하며, 외국자본의 유입은 환율 평가절상과 수출 감소를 초래하여 경제성장에 악영향을 미칠 수 있다고 지적된다.

더욱이 2008년 글로벌 금융위기 이후에는 많은 경제학자들과 심지어 IMF조차도, 신흥경제 국가들이 금융 불안정을 완화하고자 자본통제를 사용하는 데에 대해 전향적인 태도 변화를 보이고 있다. 실제로 브라질과 대만, 인도네시아를 비롯한 많은 신흥경제 국가들은 최근 외국자본 유입의 증가와 통화절상에 대응하여 단기금융자본에 대한 자본통제 조치들을 도입했으며, 최근 IMF의 보고서도 금융위기 시기에 나타나는 자본통제의 효과를 인정하고 있다.

금융위기로부터 우리를 지켜주는 것

금융위기 이후 2010년에는 우리나라 정부도 은행들의 선물환시장 포지션을 제한하는 등의 몇몇 자본통제 조치들을 도입했다. 그러나 해외자본 유·출입의 엄청난 규모를 고려할 때, 그 수준과 효과는 크지 않을 것이다. 우리나라 정부는 대기업 수출을 위해 원화가치를 낮게 유지하고자 외환시장에 개입하고 있으며, 3000억 달러가 넘는 외환보유고를 쌓아 금융 불안에 대응하고 있다. 그러나 막대한 외환보유고 유지는 그에 따르는 여러 가지 비용을 발생시킨다. 즉 통화량 관리를 위해 발행하는 통화안정증권과 그에 따르는 이자비용, 그리고 정부의 외환시장 개입을 위한 외국환평형기금과 관련한 비용도 엄청나게 늘어나는 것이다.

　달러 유입과 외환보유고 증가로 인해 늘어나는 통화량을 흡수할 목적으로 발행되는 통화안정증권은 외환위기 이후 1998년에서 2005년까지 7배 이상 급증하여 160조 원을 넘어섰으며, 2011년 7월 현재 168조7천억 원으로 사상 최고치를 기록했다. 아울러 그에 따르는 이자비용도 2005년 이후 매년 6~7조 원에 달함으로써 한국은행 적자 가운데 절반 이상을 차지했는데, 1998년 이후 지급된 이자 총액은 무려 77조원에 달한다. 통안증권을 포함한다면, 2010년 국가부채도 GDP 대비 47% 수준을 넘는 셈이다. 또한 주로 고환율 유지를 위한 외환시장 개입에 사용되어 온 외국환평형기금의 운용과 관련한 적자도 2006년까지 총 26조 원에 달했다. 이 누적적자는 2008년 금융위기에 따른 급속한 환율상승 덕분에 한때 크게 줄어들기도 했지만 그 뒤 다시 연속 적자를 기록하고 있는 중이다. 그리고 외환보유고 자체는 미국의 국채처럼 수익이 낮은 증권에 투자되므로, 이에 따르는 손실이 적지 않다. 노벨상 수상자인 스티글리츠나 하버드대학의 로드릭 같은 저명한 경제학자들도 과도한 외환보유고를 유지하기 위한 개도국들의 비용이 GDP의 1~2%를 넘을 수 있다고 지적한다.

세계 금융위기로부터 우리를 보호해 주는 것은 막대한 외환보유고가 아니라 건전한 재정과 금융시스템, 그리고 안정적인 거시경제 운용이다. 따라서 불안정한 단기 해외자본을 적절히 통제하여 거시경제의 안정성을 높이려는 정책적 노력이 필요하다. 즉 외환건전성 부담금을 확대하여 금융기관의 단기해외차입에 대한 규제를 강화하고, 과세를 통해 외국자본의 채권시장 유입을 규제하며, 나아가 유럽에서 현실화되고 있는 단기금융자본 유·출입에 대한 과세, 즉 '토빈세(Tobin tax)'를 도입하는 방안까지 적극적으로 고려해야 한다. 토빈세는 노벨상 수상자인 제임스 토빈이 외환시장 거래에 아주 낮은 세율을 부과하여 투기적인 자본이동을 감소시키려는 취지로 일찍이 1972년에 제안했던 정책이다.

또한 노벨상 수상자인 스티글리츠를 비롯한 학자들이 우리나라에 제언한 바 있는 무이자지급예치제도(URR: Unremunerated Reserve Requirement)를 도입하는 방안도 적극적으로 고려할 만하다. 이는 국내에 들어오는 단기 외국자본 가운데 일정 비율을 일정 기간 동안 중앙은행에 무이자로 예치하도록 하는 제도인데, 1990년대에

칠레 등에서 사용되어 상대적으로 불안정한 단기해외자본의 비중을 감소시키고 보다 장기적이고 생산적인 외국인 직접투자의 비중을 증가시킴으로써, 그 효과를 인정받고 있다.

이제는 외국자본이라는 환상에서 벗어나야

과도하게 진행된 금융개방을 적절히 관리하고 적극적인 자본통제를 통해 거시경제의 불안을 막는 것은, 분수경제론의 입장에서도 매우 중요한 일이다. 1980년대 초의 라틴아메리카 부채위기, 1994~1995년의 멕시코 금융위기, 1997년의 동아시아 금융위기, 1998년의 러시아 금융위기, 2001년의 아르헨티나 금융위기 등, 역사적으로 수많은 나라에서 금융개방과 금융자유화 이후 외국자본의 불안정한 유출입으로 인해 금융위기가 발생했다. 우리나라도 1997년에, 그리고 최근 2008년에 겪은 바 있지만, 이러한 금융위기와 경제의 불안정은 언제나 가장 빈곤한 사람들에게 가장 큰 타격을 미쳤다. 그리고 금융위기 이후 도입된 구조조정 과정에서, 대부분의 나라들은 소득분배의 악화와 빈곤문제의 심화를 경험해야 했다.

그러나 경제위기 이후에도 많은 나라들은 외부의 압력에 밀려 무역 및 금융시장의 개방을 더욱 가속화했으며, 이와 함께 보수적인 낙수경제 논리가 더더욱 기승을 부렸다. 이러한 변화는 서민을 살리고 소득분배를 개선하여 경제를 활성화하는 분수경제의 길과 완전히 배치되는 것이었는데, 그러므로 금융개방을 관리하여 거시경제의 안정성을 높이는 노력은 분수경제의 중요한 구성요소라고 할 수 있다.

현재 우리나라 경제는 국내 저축이 국내 투자를 초과하여 외국자본이 크게 필요치 않은 상황이다. 실제로 투기적이고 불안정한 외국자본의 단기적 투자뿐만 아니라 경제에 더 도움이 된다고 생각되는 외국인 직접투자조차도, 현재로서는 긍정적인 영향이 별로 크지 않다. 우선, 외국인 직접투자의 대부분은 새로운 기업이나 공장을 건설하는 그린필드 투자(greenfield investment)가 아니라 기존 기업의 인수나 합병과 관련된 것이다. 게다가 우리나라에 직접 투자한 여러 외국기업들은 이윤의 대부분을 해외로 송금하기 때문에, 국내의 생산과 고용에는 별다른 기여를 하고 있지 못하다. 외국인 투자가 우리나라 경제를 살리는 축복과 같다는 주장과 더불어 1997년 금융위기 이후 외국인 투자를 촉진하는 여러 지원 조치들이 이루어졌지만, 이제는 외국 자본과 외국인 투자에 대한 환상을 극복해야 할 때이다

산업구조: 모래시계형에서 항아리형 구조로

낙수경제를 분수경제로 바꾸어야 할 필요는 산업구조 측면에서도 볼 수 있다. 소수의 독과점적인 대기업들이 전체 GDP의 절반 이상을 차지하고 대다수의 영세 자영업 및 중소기업이 질적인 측면에서 빈약하게 하부구조를 형성하고 있는 모래시계형 산업구조에서 국제경쟁력과 독자적 기술력을 가진 많은 중소기업 및 중견기업이 허리를 튼튼하게 받쳐주는 "항아리형 산업구조"로 전환해야 한다.

한국 산업구조의 독과점적 구조는 한국 경제의 미래 안정성 측면에서도 매우 취약한 구조라고 말할 수 있는데, 삼성전자 등 소수 재벌기업이 경제 전체에서 차지하는 비중이 지나치게 높은 우리로서는 삼성전자 등 일부 대기업이 위기에 처한다면 국가경제 전체가 위기에 봉착하는 것을 의미할 수 있어 이러한 구조를 개선해야만 한다. 그러나 현재의 양극화된 산업구조에서 대기업의 단순 하도급업체에 불과한 중소기업이 독자적인 기술력과 국제경쟁력을 갖춘 기업으로 도약하기는 불가능하다.

따라서 중소기업을 대기업의 각종 횡포 및 착취로부터 보호하고, 중소기업이 건실한 중견기업으로 도약할 수 있도록 도와주는 정책이 실행되어야 한다. 이를 통해 건실한 중소기업과 중견기업이 양과 질적인 면에서 허리를 튼튼하게 받쳐주는 항아리형 산업구조를 만들어야 한다.

벤처기업 창업활성화 및 중소기업 혁신역량 강화가 필요

최근 그리스를 비롯한 유럽 국가의 위기에 대한 유럽 각국의 정부 및 국민의 대응을 보면서 우리 국민이 1997년 외환위기에 대처하면서 발휘한 국가 및 공동체를 위한 자기희생적 행동과 단결 등과 비교하게 된다. 또한 부작용도 컸지만 당시 국민의 정부가 실시한 벤처기업 창업 등이 활성화되면서 IT 산업 등에서 세계적 기술력을 갖춘 기업이 등장하게 된 점을 상기해 본다. 튼튼한 항아리형 산업구조로 전환하기 위해서는 기존 중소기업의 혁신역량을 강화해서 독자적인 기술력을 가진 기업으로 육성하는 정책과 함께 벤처기업의 창업이 활발하게 일어날 수 있는 생태계 조성이 필요하다.

벤처기업 창업이 활성화 되면 대학을 졸업한 청년들이 꿈을 갖고 기업을 만들어 세계시장에 도전하면서 성공도 하고 좌절도 하면서 한국 특유의 다이내믹한 경제가 지속적으로 유지되어 갈 수 있을 것이다. 그리고 이들 벤처 기업 가운데 일부는 성공하면서 양질의 일자리를 만들어 내어 소득의 양극화와 일을 통한 복지의 증진을 이루어 낼 수 있을 것이다. 2000년대 초반 벤처기업의 창업이 정보통신과 디지털 혁명에 따른 IT 분야에서 활발하게 일어났듯이 고령화시대로 접어들고 있는 이제는 IT

분야뿐만 아니라 생명공학 분야에서 활발하게 일어날 수 있는 여건을 조성해야 할 것이다. 이러한 환경 속에서 1970년대에 우수한 인재들이 전자공학과 물리학 분야로 진출해 한국이 전자와 반도체 분야의 세계적 기업을 일구어낸 것처럼 현재 의과대학으로 몰리는 최고의 인재들이 생명공학 분야에서 최고의 기업을 창출하고 혁신을 할 수 있도록 환경을 조성해야한다. 분수처럼 솟아오르는 경제를 만들기 위해서는 현재 양적으로 다수를 차지하고 있는 한국의 중소기업이 질적으로 도약할 수 있도록 연구개발을 지원하는 한편 대기업의 횡포로부터 중소기업을 보호하는 정책이 현재보다 더 강하게 지속적으로 시행되어야 할 것이다.

중견기업 육성으로 양질의 일자리 창출

한국산업의 허리를 강화하고 양극화를 해소하기 위해서는 중견기업의 육성이 필요하다. 중견기업에 대한 정의는 명확하지 않지만, 세계시장에서 경쟁하면서 대기업 수준의 임금을 지불하고, 독자적인 연구개발 능력 및 마케팅 능력을 보유한 우수 부품소재기업과, 업종전문화를 통해 국내시장에서 경쟁력을 확보한 기업들을 중견기업이라고 할 수 있다. 중견기업이 성장해야 만성적인 무역수지 역조를 보이고 있는 부품소재 분야에서 해외의존도를 낮추어 부가가치를 창출하고 양질의 일자리 창출이 가능하다. 현재의 모래시계형 산업구조에서는 부가가치 기준으로 중견기업이 15%이하를 차지하고 있는데, 분수경제의 항아리형 산업구조에서는 중견기업이 차지하는 비중이 40% 이상이 될 수 있도록 중견기업의 양적, 질적 확대를 이루어 건실한 산업구조를 만들어야 한다.

성장전략의 대전환: 대외 의존에서 내수 주도로

1997년 외환위기와 IMF가 주도한 경제구조조정 이후, 우리나라는 정부 역할의 축소와 자유화 및 개방에 기초한 신자유주의적 경제모델을 도입했으며, 동시에 수출 증가에 기초한 대외 의존적 성장전략을 채택했다. 그리하여 국내 소비와 투자를 비롯한 내수의 역할은 약화된 채, 재벌 대기업을 중심으로 한 수출 호황만이 홀로 경제성장을 이끌어 왔다. 수출입 액수를 GDP로 나눈 대외의존도는 1997년 외환위기 이후 지속적으로 상승하여 2010년에는 102%까지 높아졌으며, 2011년 1분기에는 2008년 말 금융위기 당시의 수준과 같은 110%까지 급등했다.

대외 의존적 성장의 문제점

우리나라 경제가 수출 주도로 고도성장을 이루어 왔던 1970~1980년대에도 그 수치는 대략 60~70% 수준이었으니, 이를 고려하면 우리나라 경제의 대외 의존도가 얼마나 커졌는지를 알 수 있다. 이에 따라 우리나라 경제는 해외요인에 커다란 영향을 받고 있으며, 글로벌 금융위

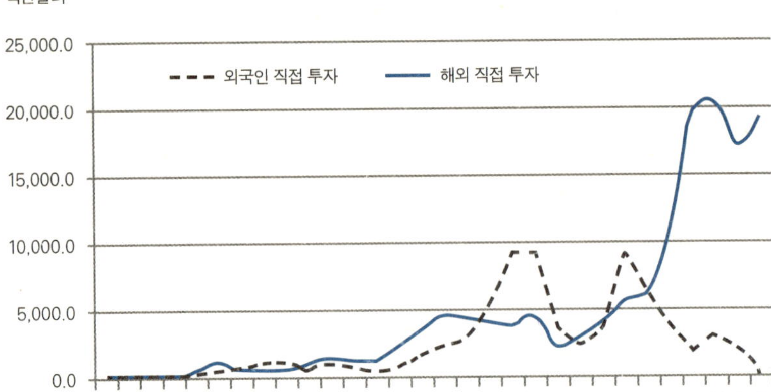

자료: 한국은행

기로 인한 세계경제의 불황에도 엄청난 타격을 입은 바 있다. 한편 직접투자를 살펴보면, 정작 외국인 직접투자는 2000년대 중반 이후 크게 둔화되고 있지만, 비슷한 시기에 이루어진 중국 등의 지역에 대한 우리나라 기업들의 해외직접투자는 급속하게 증가하여 국내 투자를 위축시키는 또 다른 원인이 되고 있다.

더욱 심각한 문제는 이전과 달리 수출이 국내 투자와 성장에 미치는 연관효과가 크게 감소했다는 점이다. 한국은행의 연구에 따르면, 2000년대에 들어 수출 증가가 국내 투자를 별로 진작하지 못하게 되었는데, 이는 상당부분의 부품을 수입해오는 IT부문의 대기업 수출이 크게 증가했기 때문이다. 또한 우리나라 정부는 외환시장 개입을 통

해 원화 가치를 의도적으로 낮게 유지하여 재벌 대기업의 수출을 크게
도와주었지만, 이러한 원화 평가절하는 석유를 비롯한 원자재 수입품
의 국내 가격을 상승시켜 국내 소비자들의 실질소득을 감소시키는 효
과를 낳았다. 앞에서 살펴본 노동자들의 임금 정체도 노동비용을 낮추
어, 세계시장에서 경쟁하는 기업들에게는 도움이 되었을 것이다. 그러
나 이러한 변화는 소득분배의 악화와 양극화, 그리고 그로 인한 여러
부작용을 낳았으며, 안정적인 장기 성장에도 악영향을 미칠 가능성이
크다.

재벌 대기업과 부자들에게만 이로운 낙수경제와 달리 모든 국민
의 더 나은 삶을 지향하는 분수경제의 성장전략은, 노동자와 중소기업
을 살리는 공정한 시장구조의 확립과 정부의 복지 확대에 기초한 내수
의존적 모델이어야 한다. 글로벌 금융위기 이후 더블딥으로 인해 세계
경제가 다시 불황에 빠지고 급속한 회복이 어려운 상황에서는, 수출에
비해 보다 안정적인 국내 수요에 기초하여 경제성장을 추진하는 것이
더욱 안정적인 성장을 실현하는 길이다.

보수 정권들이 오랫동안 추진해 온 낙수경제론의 성장전략은 노
동자와 내수를 희생하고 대기업을 지원하여 수출을 촉진하는 것이었
다. 아울러 현 정부의 경제정책도 정확히 이러한 사고의 연장선상에 있
다. 이러한 성장모델에서, 수출 대기업들은 노동자들의 임금이 상승할
경우에 단기적으로 기업의 수출 경쟁력이 악화된다고 주장하면서 임
금 억제와 자유로운 해고를 요구해 왔다. 그러나 이는 소득 불평등을
심화하고 서민들의 생활을 힘들게 만들어, 장기적인 경제성장에 필수

적인 힘, 즉 아래에서 경제를 튼튼하게 떠받치는 힘을 약화시키게 된다.

수출 주도적 성장모델은, 그나마 고도 성장기에는 효과적이었지만, 수출이 국내 투자에 미치는 효과가 약화된 현재에는 제대로 작동하기 어렵다. 게다가 최근 일부 기업들은 중국을 비롯한 해외 국가들로 공장을 이전하는 등, 해외 직접투자를 늘려 왔다. 그러나 한진중공업의 경우에도 알 수 있듯이, 재벌 대기업들이 해외로 공장을 이전하면서 노동자들을 쉽게 해고하려 한다면 심각한 사회갈등을 불러일으킬 가능성도 크다. 이러한 변화는 대외 의존적 구조의 심화에 따라 더욱 글로벌화하고 있는 대기업들과 국내경제의 투자 및 고용 사이의 연관이 깨지고 있음을 의미한다. 낙수경제와 친기업 정책으로는 서민경제를 살리고 경제성장을 촉진할 수 없음이 분명하다.

내수 주도의 경제 활성화

이제는 발상을 전환할 때이다. 분수경제론이 주장하듯이, 시장구조를 공정하고 균형 있게 만들어 분배를 개선한다면 내수가 증가하고 경제가 활성화될 수 있다. 그러면 보다 튼튼한 성장의 기반이 마련될 것이고, 동시에 대외 의존도도 낮아질 것이다. 따라서 지금 우리에게 필요한 것은 노동자와 서민, 중소기업을 살림으로써 내수와 국내투자, 그리고 고용의 선순환 구조를 강화하려는 노력이다.

외국시장의 지역적 의존 구조를 변화시키기 위한 정책적 노력도 중요하다. 미국이나 유럽처럼 현재 금융위기로 고통당하고 있는 선진국들보다는 중국이나 브라질, 인도 등의 신흥시장을 개발하고, 개발도상국들과 보다 굳건한 경제협력 관계를 유지할 필요가 있다. 글로벌 금융위기 이후 세계경제의 질서 자체가 신흥경제를 중심으로 새롭게 짜이는 상황에서, 우리나라도 국제적인 경제협력관계에 보다 전략적으로 대응해야 할 것이다. 2011년 우리나라 경제는 분수경제론에 기초한 거시적인 성장전략의 대전환이 요구되고 있다.

나오는 말:
분수경제로 99%가 잘사는 국민시대를 열자

분수경제로 99%가 잘사는 국민시대를 열자

이 책에서 나는 보수세력과 현 정부가 지지해 온 낙수경제의 잘못된 논리와 신자유주의 경제정책의 문제점을 비판적으로 살펴보고, 분수경제라는 새로운 관점과 이를 실현하기 위한 여러 가지 정책과제들을 논의했다. 부자와 대기업을 먼저 지원하여 성장을 달성하고 나면 그 효과가 경제의 아래 부분까지 자연스럽게 흘러갈 것이라는 낙수경제의 주장, 그리고 우선 파이를 키우고 난 다음에 나누면 된다는 '선성장 후분배'의 논리는 현실에서 파산하고 말았다. 잘못된 낙수경제론에 기초하여 대기업과 부자만을 지원하는 현 정부의 경제정책은, 불평등과 양극화를 심화하고 경제성장의 기반마저 해치고 있다. 신자유주의와 낙수경제 논리의 파산은, 시민들의 반대에 직면하고 있는 미국의 불공평한 금융자본주의를 통해서도 잘 알 수 있다.

현 정부의 낙수경제 논리야말로 99%의 국민을 희생시키면서 상위 1%만을 위하는 것이며, 그렇기 때문에 우리 국민들의 분노도 높아지고 있다. 이제 우리에게 필요한 것은 국민이 중심이 되는 분수경제론이다. 즉 공정한 시장질서를 확립하여 서민과 중소기업을 살리고 나아가 사회복지를 확충하는, 정부의 적극적인 역할이 요구되고 있는 것이다. 다음 정부는 공공부문의 적극적 역할, 대기업과 중소기업의 관계 개선 및 재벌개혁, 재정개혁과 사회복지의 확충, 금융개혁과 대외개방의 관리, 그리고 성장전략 전환을 함께 추진함으로써, 분수경제론이 주장하는 함께하는 성장을 이루어낼 수 있도록 노력해야 한다. 그것이야말로 일자리를 구하지 못하여 근심하고, 회사에서 언제 쫓겨날지 몰라 불안에 떨고, 내 집 마련과 자녀 키우기가 너무 힘겨워 고심하는 우리 국민들에게 희망을 주는 길이다.

우리나라처럼 국민들이 장시간 동안 열심히 일하는 부지런한 나라도 흔치 않을 것이다. 그러나 게으름 부리지 않고 열심히 일하면서도 먹고살기 힘든 사람들이 하나둘에 그치지 않고 아주 많다면, 이는 개인의 책임이 아니라 정부와 사회의 책임일 것이다. 부자와 대기업에 그만큼 혜택을 주었는데도 일자리 찾기가 힘들 뿐만 아니라 일자리를 언제 잃을지 몰라 불안한 사람들이 많다면, 이제 그러한 경제는 잘못되었다는 것을 깨달아야 한다.

국민은 외치고 있다. "우리는 이 나라의 주인인 국민이지, 시키는 대로 조용히 일만 하는 기업의 종업원이 아니다. 쓰다 버리는 소모품도 아니고, 흘린 떡고물이나 주워 먹는 거지는 더욱 아니다. 정부는 '작은 정부' 타령만 하면서 뒷짐 지고 구경만 하지 말고 국민을 돌보아라. 세금 낼 능력이 있는 사람들에게서 제대로 세금을 거두어라. 힘이 세다고 멋대로 속이고 빼앗고 훔치는 일을 막아라. 그래서 힘 있고 돈 있는 사람만이 아니라 국민이 다함께 잘사는 세상을 만들자. 사람답게 살아 보자. 우리는 이 나라의 주인인 국민이다." 이제는 정치가 답해야 한다. 답은 분수경제다.